קונטרס
שמחת התורה

ביאורים על סדר המקראות פרשת וירא – חיי שרה
ומאמרים בעניני הפרשיות

יו"ל לרגל השמחה השרויה במעונינו

מאת
יצחק דב באאמו"ר הגאון רבי שלום הלוי שכטר
ט"ו חשון תשפ"ג

את הקונטרס ניתן להשיג אצל:
משפחת שכטר
רחוב עזרת תורה 27, ירושלים

עימוד: ישורון קובי - צפת

הקדמה

הנה בברכת אשר ברא מברכים ומתפללים מהרה ה׳ אלקינו ישמע בערי יהודה ובחוצות ירושלים קול ששון וקול שמחה קול חתן וקול כלה קול מצהלות חתנים מחופתם ונערים ממשתה נגינתם, וצ״ב כיון דכבר הוזכר קול חתן מהו ההוספה של קול מצהלות חתנים מחופתם, וגם מהו ההדגשה מחופתם, והנה ברכה זו מיוסד על לשון הפסוק בירמיה ל״ג עוד ישמע במקום הזה וגו׳ בערי יהודה ובחוצות ירושלים וגו׳ קול ששון וקול שמחה קול חתן וקול כלה קול אומרים הודו לה׳ כי טוב כי לעולם חסדו, מביאים תודה בית ה׳, והנה בהברכה לא מזכירים הקול החמישי קול אומרים הודו את ה׳ צבקות אלא קול מצהלות חתנים מחופתם, ויש לבאר דהקול מצהלות חתנים הוא הוא הקול שאומרים הודו לה׳ כי טוב כי לעולם חסדו.

ויש לבאר בזה עפי״ד רבנו הגר״ח זצ״ל בביאור הקרא דואני בחסדך בטחתי יגל לבי בישועתך אשירה לה׳ כי גמל עלי, וביאר דגם קודם הישועה כבר אפשר לשמוח מכח הבטחון, אבל שירה אפשר לומר רק אחר הישועה וזהו אשירה לה׳ כי גמל עלי, והנה בכתובות דף ח׳ מבואר דמשעה שמתחילים להכין לסעודת הנשואין כבר אפשר לברך שהשמחה במעונו, וי״ל דהיינו דאמרינן קול ששון וקול שמחה קול חתן וקול כלה דזהו הקול על שמחת החתן וזה יכול להיות כבר קודם הנשואין, אבל קול מצהלות חתנים דזהו שירה על קבלת הטובה זהו מחופתם דהוא אחר גמר הנשואין ובנין הבית, וזהו קול זה של הודו את ה׳ צבקות כי טוב ה׳ כי לעולם חסדו.

והנה המהרש״א בח״א במס׳ כתובות דף ח׳ כתב דהד׳ קולות שנזכרו בהאי קרא יהי׳ בעת גאולתן של ישראל וכדכתיב בקרא עוד ישמע בערי יהודה וגו׳ אבל קול אומר הודו לה׳ וגו׳ לא ישבית גם בגלותן דהיינו לתת שירות ותשבחות להקב״ה על הנסים שעושה עמנו בכל עת ובכל שעה עכ״ל,

שמחת התורה הקדמה

והנני בזה לתת שבח והודיה להשי״ת על כל החסדים אשר גמלני מעודי עד היום הזה ובפרט על מה שזיכיתי עתה להשיא את בתי תחי׳ לבן עליה מופלג ה״ה החתן גרשון דינר שיחי׳ בנו של מחותני החשוב והיקר הרה״ג ר׳ יעקב יהושע דינר שליט״א, ואמרתי להוציא לאור לכבוד השמחה חידו״ת על פרשיות השבוע כדי לבלול שמחת הנשואין עם שמחת התורה, ותפילתינו ותחינתינו מהשי״ת שיזכו לבנות בית נאמן בישראל בית שמגדלין בו תורת ויר״ש ומדות טובות, בית שיהא מעון להשכינה, ואך טוב וחסד ירדפום כל ימיהם, ונזכה בעז״ה לשמחה הגדולה של ישיש עליך אלקיך כמשוש חתן על כלה בב״א.

כעתירת וכתפלת

יצחק דב הלוי שכטר

מפתח הענינים

פרשת וירא

בענין ממרא שנתן עצה על המילה .... א

וַיֵּרָא אֵלָיו ה' בְּאֵלֹנֵי מַמְרֵא. (בראשית יח, א)

בענין גדולה הכנסת אורחים יותר מהקבלת פני שכינה .... ב

וַיֵּרָא וַיָּרָץ לִקְרָאתָם מִפֶּתַח הָאֹהֶל וַיִּשְׁתַּחוּ אָרְצָה. וַיֹּאמַר אֲדֹנָי אִם נָא מָצָאתִי חֵן בְּעֵינֶיךָ אַל נָא תַעֲבֹר מֵעַל עַבְדֶּךָ. (בראשית יח, ב-ג)

בענין מצוה בו יותר מבשלוחו .... ד

וְאֶל הַבָּקָר רָץ אַבְרָהָם וַיִּקַּח בֶּן בָּקָר רַךְ וָטוֹב וַיִּתֵּן אֶל הַנַּעַר וַיְמַהֵר לַעֲשׂוֹת אֹתוֹ. (בראשית יח, ז)

בענין בצים וחלב לב"ן .... ו

וַיִּקַּח חֶמְאָה וְחָלָב וְגו'. (בראשית יח, ח)

מאמר בענין תפלת אאע"ה על אנשי סדום .... ז

וה' אָמָר הַמְכַסֶּה אֲנִי מֵאַבְרָהָם אֲשֶׁר אֲנִי עֹשֶׂה וְגו' כִּי יְדַעְתִּיו לְמַעַן אֲשֶׁר יְצַוֶּה אֶת בָּנָיו וְאֶת בֵּיתוֹ אַחֲרָיו וְשָׁמְרוּ דֶּרֶךְ ה' לַעֲשׂוֹת צְדָקָה וּמִשְׁפָּט. (בראשית יח, יז-יט)

בביאור קרא דלמען אשר יצוה את בניו ואת ביתו אחריו .... י

כִּי יְדַעְתִּיו לְמַעַן אֲשֶׁר יְצַוֶּה אֶת בָּנָיו וְאֶת בֵּיתוֹ אַחֲרָיו וְשָׁמְרוּ דֶּרֶךְ ה' לַעֲשׂוֹת צְדָקָה וּמִשְׁפָּט לְמַעַן הָבִיא ה' עַל אַבְרָהָם אֵת אֲשֶׁר דִּבֶּר עָלָיו וְעַ' רַשִׁ"י בְּזֶה. (בראשית יח, יט)

בענין גזירת כליה על סדום .... יא

אֵרְדָה נָּא וְאֶרְאֶה הַכְּצַעֲקָתָהּ הַבָּאָה אֵלַי עָשׂוּ כָּלָה וְאִם לֹא אֵדָעָה. (בראשית יח, כא)

בענין הצלת הצדיקים על אנשי סדום .... יב

אוּלַי יֵשׁ חֲמִשִּׁים צַדִּיקִם בְּתוֹךְ הָעִיר וְגו' חָלִלָה לְּךָ מֵעֲשֹׂת כַּדָּבָר הַזֶּה וְגו' הֲשֹׁפֵט כָּל הָאָרֶץ לֹא יַעֲשֶׂה מִשְׁפָּט. (בראשית יח, כד-כה)

בענין הצלת לוט .... יג

קוּם קַח אֶת אִשְׁתְּךָ וְגו' פֶּן תִּסָּפֶה בַּעֲוֹן הָעִיר. (בראשית יט, טו)

בענין אמתלא בשויה אנפשיה .... יד

הֲלֹא הוּא אָמַר לִי אֲחֹתִי הִוא וְהִיא גַם הִוא אָמְרָה אָחִי הוּא וְגו'. (בראשית כ, ה)

מפתח הענינים

שמחת התורה

בענין כי לא ירש בן האמה הזאת .... טז

כי לא ירש בן האמה הזאת עם בני עם יצחק. (בראשית כא, י)

בענין ישמעאל אם נחשב בנו של אאע"ה .... יח

וירע הדבר מאד בעיני אברהם על אודת בנו. ויאמר אלקים אל אברהם אל ירע בעיניך על הנער ועל אמתך.
(בראשית כא, יא-יב)

בענין עקידת יצחק בהר המוריה אם היה לזה דין הקרבת מקדש .... כ

ולך לך אל ארץ המריה והעלהו שם לעלה וגו'. (בראשית כב, ב)

עוד בענין הנ"ל .... כב

ויקח אברהם את עצי העלה וישם על יצחק בנו וגו' ויאמר הנה האש והעצים ואיה השה לעלה. (בראשית כב,
ו-ז)

בענין העלאת יצחק ע"ג המזבח קודם העקידה .... כג

ויעקד את יצחק בנו וישם אתו על המזבח ממעל לעצים. ופסוק י' וישלח אברהם את ידו ויקח את המאכלת
לשחט את בנו. (בראשית כב, ט-י)

מאמר בענין עתה ידעתי כי ירא אלקים אתה .... כד

עתה ידעתי כי ירא אלקים אתה. (בראשית כב, יב)

פרשת חיי שרה

בענין בכי ומספד .... כז

ויבא אברהם לספד לשרה ולבכתה. (בראשית כג, ב)

בענין קנין אאע"ה בא"י .... כז

גר ותושב אנכי עמכם וגו'. (בראשית כג, ד)

בביאור הכתוב נשיא אלקים אתה בתוכנו וגו' .... כט

שמענו אדני נשיא אלקים אתה בתוכנו במבחר קברינו קבר את מתך איש ממנו את קברו לא יכלה ממך מקבר
מתך. (בראשית כג, ו)

בענין קנין מערת המכפלה ובענין קנין אודיתא .... ל

השדה נתתי לך והמערה אשר בו לך נתתיה לעיני בני עמי נתתיה לך קבר מתך. (בראשית כג, יא)

בענין הודאה על בשורה טובה .... לא

וישתחו אברהם לפני עם הארץ. (בראשית כג, יב)

עוד בענין קנין מערת המכפלה .... לא

ויקם השדה והמערה אשר בו לאברהם לאחזת קבר וגו'. (בראשית כג, כ)

מפתח הענינים

שמחת התורה

בענין פלוגתתם של רבי ישמעאל ורשב"י בברכות דף ל"ה .... לב

ואברהם זקן בא בימים וה' ברך את אברהם בכל. (בראשית כד, א)

בענין האזהרה של לא תקח אשה מבנות הכנעני .... לד

לא תקח אשה לבני מבנות הכנעני אשר אנכי יושב בקרבו. (בראשית כד, ג)

בענין לצאת מא"י לחו"ל לישא אשה .... לו

ה' אלקי השמים אשר לקחני מבית אבי ומארץ מולדתי ואשר דבר לי ואשר נשבע לי לאמר לזרעך אתן את הארץ הזאת. (בראשית כד, ז)

בענין ואם לא תאבה האשה ונקית משבועתי זאת .... לז

ואם לא תאבה האשה ללכת אחריך ונקית משבעתי זאת. (בראשית כד, ח)

בענין דין ממון המזיק בב"נ .... לט

ויקח העבד עשרה גמלים מגמלי אדניו וילך. (בראשית כד, י)

בענין איסור ניחוש .... מ

הנה אנכי נצב על עין המים וגו'. (בראשית כד, יג)

בענין חסד ואמת במציאת זיווגו של יצחק .... מא

והיה הנערה אשר אמר אליה הטי נא כדך ואשתה ואמרה שתה וגם גמליך אשקה אתה הכחת לעבדך ליצחק ובה אדע כי עשית חסד עם אדני. (בראשית כד, יד)

בענין קדושי רבקה .... מב

ויקח האיש נזם זהב בקע משקלו ושני צמידים על ידיה עשרה זהב משקלם. (בראשית כד, כב)

בענין שיחרורו של אליעזר .... מב

ויהי כראת את הנזם ואת הצמדים וגו' ויאמר בוא ברוך ה'. (בראשית כד, ל-לא)

מאמר בענין יפה שיחתן של עבדי אבות יותר מתורתן של בנים .... מה

ואבא היום אל העין ואמר ה' אלקי אדני אברהם אם ישך נא מצליח דרכי אשר אנכי הלך עליה. (בראשית כד, מב)

בענין נותנין לבתולה יב"ח .... מז

ויאמר אלהם אל תאחרו אתי וה' הצליח דרכי. (בראשית כד, נו)

בענין נשואי יתומה קטנה .... מח

ויאמרו נקרא לנערה ונשאלה את פיה. ויקראו לרבקה ויאמרו אליה התלכי עם האיש הזה ותאמר אלך. (בראשית כד, נז-נח)

בענין ברכת חתנים בנשואי רבקה .... מט

ויברכו את רבקה ויאמרו לה וגו'. (בראשית כד, ס)

מאמר בעניני שדוכים .... נב

פרשת וירא

וַיֵּרָא אֵלָיו ה׳ בְּאֵלֹנֵי מַמְרֵא. (בראשית יח, א)

וברש"י כתב שהוא נתן לו עצה על המילה וכבר נתקשו בזה המפרשים מ"ט הוצרך לעצה ע"ז, ונשנו בזה כמה תי׳ במפרשים, והנה בס׳ קול אליהו כתב בשם רבנו הגר"א לבאר דהספק של אאע"ה דשמא לא ימול כיון דאם ימול לא ימשכו אחריו הבאים להתגייר ונוח הי׳ לו להפסיד עצמו משכרו הטוב ורק לקבץ מאמינים בעולם, ועד"ז כתב דזה הי׳ גם הנסיון של העקדה דאאע"ה לימד את העולם שאין רצונו שיקריבו לפניו אנשים לקרבן ועתה הולך להקריב בנו יחידו עיי"ש, ועדיין צ"ב הס"ד בזה דהרי נצטוה למול והיאך ס"ד לבטל צווי השי"ת.

והנה יעוי׳ במזרחי עה"ת שכתב דספקו היה דלמא ימול בסתר ולא בגלוי וזהו שיעץ לו ממרא למול בפרהסיא לעין כל, וכדכתיב לעיל בס"פ לך לך דמל בעצם היום הזה ולא נתיירא מן הגוים ולא מן הליצנים. ויש לבאר הא דהי׳ סבור למול בצנעה עפ"י דרכו של הגר"א דכיון דאם יתפרסם זה שמל ימנעו הגוים מלהכנס תחת כנפי השכינה א"כ עדיף שימול בצנעה ולא בפרהסיא, וע"ז יעץ לו ממרא למול בפרהסיא בלא חשבונות דזהו הקידוש ה׳ היותר גדול בזה שמקיים צויו של השי"ת בלא חשבונות.

והנה במד"ר פרשת וירא פמ"ח אות ב׳ איתא אמר אברהם אחר שמלתי עצמי הרבה גרים באו להדבק בזאת הברית [ועי׳ בס׳ בית הלוי ס"פ לך לך בזה] ונמצא דאדרבה מכח המצוה של מילה נתוספו הרבה גרים, ויש לבאר דכיון דראו מסירות נפשו לקיום המצוות נתוספו עי"ז הרבה גרים, ותפקיד של האדם לקיים מצוה השי"ת בתמימות בלא חשבונות, וכן בזכות העקידה קיימים כלל ישראל במשך כל הדורות כמש"כ רש"י בפ׳ העקידה.

ב שמחת התורה פרשת וירא

וַיַּרְא וַיָּרָץ לִקְרָאתָם מִפֶּתַח הָאֹהֶל וַיִּשְׁתַּחוּ אָרְצָה. וַיֹּאמַר אֲדֹנָי אִם נָא מָצָאתִי חֵן בְּעֵינֶיךָ אַל נָא תַעֲבֹר מֵעַל עַבְדֶּךָ.

(בראשית יח, ב-ג)

ובפרש"י הביא חד פי' דא"ל להקב"ה להמתין עד שירוץ ויכניס את האורחים, ובמס' שבועות דף ל"ה יליף מינה דגדולה הכנסת אורחים יותר מהקבלת פני שכינה, ובס' קול אליהו הביא בשם הגר"א להקשות מנלן דהכנסת אורחים עדיפא דלמא שקולים הן [והיינו דכיון דשקולין יעשה איזה שירצה] עיי"ש מש"כ בזה.

ונראה די"ל דהנה ישל"ע בהא דהניח אאע"ה הקבלת פני שכינה ורץ להקביל פני האורחים והא גם הקבלת פני שכינה מצוה היא וא"כ הא הו"ל עוסק במצוה ועוסק במצוה פטור מן המצוה וצ"ע, ולכאורה י"ל בזה דהנה בר"ן בסוכה הביא ד' התוס' דדינא דעוסק במצוה פטור מן המצוה הוא רק באופן דעי"ז שיעסוק במצוה האחרת יתבטל ממצותו הראשונה, ולפי"ז י"ל דהכא כיון דהמתין לו הקב"ה עד שיכניס האורחים נמצא דנחשב אפשר לקיים שניהם, וליכא בזה פטורא דעוסק במצוה ופטור מן המצוה, ובזה יבואר הא דא"ל אאע"ה להקב"ה אל נא תעבור מעל עבדך והיינו דאם לא הי' הקב"ה ממתין ל"ה יכול לקיים מצות הכנסת אורחים, והיינו דא"ל אל נא תעבור וממילא דנחשב אפשר לקיים שניהם, וע"כ היה יכול לקיים מצות הכנסת אורחים, אכן בר"ן מסיק דגם באפשר לקיים שניהם איכא פטורא דעוסק במצוה והדרק"ל, ועוד ישל"ע דהא לכאורה מצות הקבלת פני שכינה הוא בכל רגע ורגע שהשכינה אצלו וא"כ בזמן זה שהלך להכניס את האורחים הרי ביטל המצוה של הקבלת פני השכינה וזה לא נחשב אפשר לקיים שניהם והדרק"ל.

ואין לומר דהא דעוסק במצוה פטור מן המצוה הוא רק כששניהם שקולים אבל אם עשה א' עדיף מהב' הוי דינא דעשה החמור דוחה עשה הקל, וממילא ליכא בזה דינא דעוסק במצוה פטור מן המצוה, ולפי"ז ניחא דכיון דגדולה הכנסת אורחים יותר מהקבלת פני השכינה חל דינא דהך מצוה דהכנסת אורחים דוחה אידך מצוה, והיינו דמוכחינן מינה דגדולה הכנסת אורחים יותר מהקבלת פני השכינה, אכן ז"א דיעוי' בחי' הריטב"א בסוכה דף

פרשת וירא ## שמחת התורה ג

כ"ו שכתב להדיא דעיקר חידושא דעוסק במצוה פטור מן המצוה הוא היכא
שהמצוה השני' גדולה הימנה, וקמ"ל דאפילו בעי להניח מצוה זו לעשות
מצוה אחרת גדולה הימנה אין הרשות בידו, דסד"א דאי בעי למשבק הא
ולמיעבד אידך הרשות בידו קמ"ל דכיון דפטור מן האחרת הרי היא אצלו
כדבר הרשות ואסור להניח מצוותו מפני דבר הרשות עכ"ד, הרי להדיא דעוסק
במצוה פטור מן המצוה גם באופן שהמצוה השניה גדולה מן הראשונה ואסור
לו להפסיק מהמצוה הראשונה עבור השניה אע"ג דהשניה גדולה הימנה,
ונראה דכ"ה מבואר ג"כ מהא דילפינן מקרא דויהי אנשים דינא דעוסק במצוה
פטור מן המצוה והרי מצות פסח חמור יותר דהוא עשה שי"ב כרת, וע"כ
דדינא דעוסק במצוה פטור מן המצוה הוא גם כשהמצוה השניה חמורה יותר
וא"כ הדר יקשה איך הניח אאע"ה מצות הקבלת פני שכינה בשביל הכנסת
אורחים והא הי' עוסק במצוה ופטור מן המצוה.

ונראה בזה דהנה בקדושין דף ל"ב איתא הרב שמחל על כבודו כבודו מחול
שנאמר וה' הולך לפניהם יומם, ומבואר דקוב"ה יכול למחול על
כבודו, וא"כ אפ"ל דבזה דאמר אאע"ה אל נא תעבר מעל עבדך נכלל דביקש
רשות אם יכול לילך, וכיון דהקב"ה מחל על כבודו פטרו מהמצוה של הקבלת
פני שכינה ושוב לא היה ליה פטורא דעוסק במצוה, ולפי"ז אפ"ל דאי לאו
דגדולה הכנסת אורחים יותר מקבלת פני השכינה לא היה מבקש רשות
מהקב"ה למחול על כבודו כדי שיכניס את האורחים, ומזה למדו חז"ל דגדולה
הכנסת אורחים יותר מקבלת פני שכינה וע"כ ביקש רשות כדי שיוכל לקיים
המצוה החמורה יותר.

ויש להוסיף עוד בזה דהנה ברמב"ם בהלכות יסוה"ת כתב דכל הנביאים היו
מתנבאים בשעה שהי' נופל עליהם תרדמה וכל חושיו הגשמיים היו
בטלים, והנה הכא הרי אאע"ה הי' באמצע מראה נבואה ומדראה האורחים
הכריח דרצונו של השי"ת שיקבל את האורחים, ומינה למד אאע"ה דגדולה
הכנסת אורחים יותר מהקבלת פני השכינה.

וְאֶל הַבָּקָר רָץ אַבְרָהָם וַיִּקַּח בֶּן בָּקָר רַךְ וָטוֹב וַיִּתֵּן אֶל הַנַּעַר וַיְמַהֵר לַעֲשׂוֹת אֹתוֹ. (בראשית יח, ז)

ובפרש"י כתב אל הנער זה ישמעאל לחנכו במצוות, ובפסוק ח' כתיב ויקח חמאה וחלב ובן הבקר אשר עשה ויתן לפניהם וגו' ומבואר מהפסוקים דרק עשיית הבן בקר הי' ע"י ישמעאל אבל ההבאה הי' ע"י אברהם אבינו ע"ה בעצמו וצ"ת.

ונראה לבאר עפי"מ דאיתא בקדושין דף מ"א דמצוה בו יותר מבשלוחו ומייתינן כי הא דרב ספרא מחריך רישא רבא מלח שיבוטא, והנה ברמב"ם בפ"ל מהל' שבת ה"ו כתב הך דינא בהדיה המצוה של כבוד שבת דאע"פ שהוא אדם חשוב ביותר ואין דרכו ליקח דברים מן השוק ולא להתעסק במלאכות שבבית חייב לעשות דברים שהן לצורך השבת בגופו שזה הוא כבודו וכו' ומהן מי שהי' מבשל או מולח בשר וכו', ובה"ז כתב איזהו עונג זה שאמרו חכמים שצריך לתקן תבשיל שמן ביותר ומשקה מבושם לשבת, וצ"ב דלכאורה הך דינא דצריך לתקן מאכל חשוב לשבת הוא גם משום לתא דעונג שבת, וצ"ב הא דכתב הרמב"ם הך דינא דצריך להכין המאכלים בשבת בגופו דהוא רק משום לתא דכבוד שבת וצ"ת.

ומובא לבאר בזה ד' הרמב"ם בשם מרן הגרי"ז זצ"ל בהקדם הא דיש לדקדק בד' הרמב"ם דבפ"ה מהל' שבת שכתב ז"ל ואחד אנשים ואחד נשים חייבין להיות בבתיהן נר דלוק בשבת וכו' שזהו בכלל עונג שבת, ובפ"ל כתב וצריך לתקן ביתו מבעו"י מפני כבוד השבת ויהיה נר דלוק ושולחן ערוך לאכול ומטה מוצעת שכל אלו לכבוד שבת הרי דהוא משום לתא דכבוד שבת, ואמר בזה מרן זצ"ל דבהדלקת הנר תרוויהו איתנייהו חדא משום לתא דעונג שבת ובזה עיקר קיום דינו הוא בשבת עצמו, ושנית משום לתא דכבוד שבת וקיומו הוא נמי בע"ש שיהא ביתו מוכן מבעו"י, והיינו דחלקינהו הרמב"ם דבפ"ה איירי בבמצות הדלקה משום לתא דעונג שבת בזה עיקר קיום דינו בזה דהנר דלוק בשבת, משא"כ בפ"ל דאיירי בחיובא דכבוד שבת בזה קיום דינו הוא עי"ז דמדליק בע"ש ויש לו נר דלוק מבעו"י, ואשר לפי"ז נמצא דכד איירינן בהכנת המאכלים לצורך שבת הדין בזה חלוק דכד איירינן משום לתא דכבוד שבת בזה עצם ההכנה הוי מעשה מצוה דכבוד שבת, אבל כד איירינן

משום לתא דעונג שבת בזה הוי ההכנה רק הכשר מצוה דקיום מצוותו הוא רק בשבת עצמו, ואשר לפי״ז אמר מרן זצ״ל דס״ל להרמב״ם דדינא דמצוה בו יותר מבשלוחו הוא רק בגוף המצוה אבל בהכשר מצוה ליכא דינא דמצוה בו יותר מבשלוחו, וע״כ כתב הך דינא דצריך להכין בעצמו המאכלים דהוא משום לתא דכבוד שבת.

ואשר לפי״ז יש לבאר היטב הא דהכנת הבן הבקר הי׳ ע״י ישמעאל והבאה עצמה היתה ע״י אאע״ה דתיקום המאכלים הוא רק הכשר מצוה בזה נתן אאע״ה לישמעאל כדי לחנכו דליכא בזה דינא דמצוה בו יותר מבשלוחו אבל הנתינה להאורחים שהוא גוף המצוה דהכנסת אורחים זה עשה בעצמו דמצוה בו יותר מבשלוחו.

ב

והנה בעיקר דינא דמצוה בו יותר מבשלוחו נראה להוסיף דברים בזה דהנה ברמב״ם כתב בפ״ל מהלכות שבת אע״פ שהי׳ אדם חשוב ביותר וכו׳ חייב לעשות דברים שהן לצורך השבת בגופו שזהו כבודו, חכמים הראשונים מהם מי שהי׳ מפצל עצים וכו׳ ומהן מי שהי׳ מבשל או מולח בשר או גודל פתילות או מדליק נרות וכו׳, וכבר העירו האחרונים אהא דכתב הרמב״ם דחייב לעשות דברים שהן לצורך שבת בגופו, ונראה מזה דחיובא הוא ובגמ׳ מבואר דהוא רק משום מצוה בו יותר מבשלוחו ואי״ז חיוב, ועוד צ״ב הא דהביא הרמב״ם מחכמים הראשונים שעשו בגופם ואי נימא דחיובא הוא לעשות בעצמם פשיטא דעשו, ואפשר דהרמב״ם הביא דהחכמים עשו גם דברים שאין דרכם לעשות בבית אע״ג דהיו יכולים לעשות דברים אחרים.

אכן נראה די״ל עוד דהנה ברמב״ם כתב בה״ה וצריך לתקן ביתו מבעו״י מפני כבוד השבת ונהיה נר דלוק ושולחן ערוך ומטה מוצעת שכל אלו לכבוד שבת, והנה הי׳ מקום להסתפק אי בכלל המצוה הוא מעשה תיקון הבית לכבוד שבת, או דעיקר המצוה הוא בזה שביתו מוכן ומתוקן לכבוד שבת ונמצא דעצם התיקון הוי רק בגדר הכשר מצוה כמו עשיית סוכה דהוא רק בגדר הכשר מצוה והה״נ הכא דכוותה, וי״ל דהיינו הא דאשמעינן הרמב״ם בה״ו דהמצוה הוא עצם מעשה ההכנה דזהו כבוד שבת שעושה מעשה לכבוד שבת וממילא מוטל עליו עשיית המעשה, אלא דבאנו לדון דדלמא יכול לקיים

גם ע״י שליח בזה הוא דהוי דינא דמצוה בו יותר מבשלוחו ואילו המצוה ל״ה עצם המעשה ל״ה בזה דינא דמצוה בו יותר מבשלוחו.

ונראה עוד דאילו ל״ה המצוה עצם מעשה ההכנה רק שיהא ביתו מוכן א״כ דינו כמצוה שאפשר לעשות ע״י אחרים דאינו דוחה ת״ת, ורק משום דהמצוה הוא עצם עשיית המעשה ומוטל עליו עשיית המעשה הוא דהוי דינא דלא חשיב מצוה שאפשר לעשות ע״י אחרים כיון דהוא מצוה המוטלת עליו, דגם דינא דמצוה בו יותר מבשלוחו דוחה ת״ת.

וַיִּקַּח חֶמְאָה וְחָלָב וגו׳. (בראשית יח, ח)

והנה בבכורות דף ו׳ ע״ב שו״ט מנלן דחלב שרי ולא נאסר מדין יוצא מן החי, ובשטמ״ק הקשו דמ״ט לא מוכחינן מהא דכתיב ויקח חמאה וחלב הרי דחלב שריא, ותי׳ דלב״נ שפיר שריא חלב והנדון בהסוגיא הוא אי הותר לישראל, ובמהריט״א הקשה דהא איסורא דאבה״ח נוהג גם בב״נ וא״כ הא שפיר יש להוכיח מקרא דהכא דבחלב ליכא איסור דאבמה״ח והדרק״ל.

אכן נראה די״ל עפי״מ שכתב הפליתי דהנדון בגמ׳ שחלב יהא אסור אינו משום דהחלב עצמו אבה״ח אלא דאיסורו מדין יוצא מן האיסור, וי״ל דאיסור יוצא נתחדש רק בישראל אבל בב״נ ליכא איסור יוצא, וע״כ לב״נ ליכא איסור חלב ורק בישראל הוא דאיצטריך קרא להתיר.

והנה בשו״ת חת״ס יו״ד סימן י״ח כתב לדון דבצים אסורות לב״נ דהא לא מצינו היתר בצים לב״נ, ומד׳ החת״ס שם מבואר דהא דחלב הותר לב״נ הוא נלמד מקרא דויקח חמאה וחלב, אכן להמבואר בד׳ השטמ״ק דבב״נ לא בעי קרא להתיר דלא נאמר איסור יוצא בב״נ ממילא דבצים נמי מותרות דבצים נמי אינו אבה״ח ממש דהא ל״ל בשר גידין ועצמות ובשר נמי ל״ה, וכמבואר בר״מ גבי ביצת טמאים דאינו בכלל בשר ואיסורו רק מדין יוצא ואיסור יוצא לא נאמר בב״נ.

ויש להביא ראיה לזה דבב״נ ליכא איסור יוצא דהנה בסנהדרין דף נ״ז איפלגו תנאי אם יש איסור דם מן החי לב״נ, ויל״ע הא תפו״ל דהדם יהא אסור מדין יוצא מן החי דלכאורה כמו דחלב נחשב יוצא ה״נ דם, וכן שמעתי ממו״ר

הגרא"י הלוי בשם רבנו הגר"ח זצ"ל דדם של בהמה טמאה או טריפה אסור מדין יוצא וא"כ ה"נ דם יהא אסור לב"נ מדין יוצא מן החי אע"כ דאיסור יוצא לא נאסר לב"נ וכש"נ.

וה' אָמָר הַמְכַסֶּה אֲנִי מֵאַבְרָהָם אֲשֶׁר אֲנִי עֹשֶׂה וגו' **כִּי יְדַעְתִּיו לְמַעַן אֲשֶׁר יְצַוֶּה אֶת בָּנָיו וְאֶת בֵּיתוֹ אַחֲרָיו וְשָׁמְרוּ דֶּרֶךְ ה' לַעֲשׂוֹת צְדָקָה וּמִשְׁפָּט.** (בראשית יח, יז-יט)

ובהך פרשתא ישל"ע דהנה אצל משה רבינו מצאנו בחטא העגל דא"ל הקב"ה ועתה הניחה לי וגו' וכתב שם רש"י דבזה פתח לו פתח והודיעו שהדבר תלוי בו שאם יתפלל עליהם לא יכלם, והתפלל עליהם משה רבינו והצילם, ונמצא דהיה מטרה בזו שהודיעו הקב"ה שנגזר עליהם גזירת כליה כדי שיבקש עליהם רחמים, אבל כאן באנשי סדום שנגזר דינם למיתה וכדכתיב הכצעקתה הבאה אלי עשו כלה, ולא הועילה תפלתו של אאע"ה מה הי' צורך בהודעה זו, עוד צ"ב מאחר שאנשי סדום הי' מושחתים כ"כ בעבירות חמורות מדוע התפלל אאע"ה עליהם והרי כתוב באבד רשעים רינה, ועוד דהרי מדתו של אאע"ה היה מדת החסד ואנשי סדום היו מהיפוך מדרכו של אאע"ה וכדכתיב הלא זה היה עון סדום אחותך גאון שבעת לחם ויד עני ואביון לא החזיקה וכי מה איכפ"ל לאאע"ה שימותו, והנה בקרא כתוב דא"ל הקב"ה דאם יש חמשים צדיקים בתוך העיר ונשאתי לכל המקום בעבורם ובפשטות דזכות הצדיקים יגינו על העיר, וכ"מ מרבינו יונה בשע"ת שער ג' אות קמה, אכן יש הדגשה מיוחדת דהצדיקים יהיו בתוך העיר וצ"ב, ובאבן עזרא כתב שהכוונה שהם יראים את ה' בפרהסיא וישל"ע בזה דלכאורה לגבי זכותם שיגין על העיר מה נפק"מ בין צנעה לפרהסיא, והנה בחז"ל במד"ר פרשה מ"ט אות י' מייתי קרא דאהבת צדק ותשנא רשע על כן משחך אלקים לעולם שמן ששון מחבירך דזה קאי על אאע"ה שהתפלל על אנשי סדום ומבואר דזכה בעבור זה לדרגה מיוחדת וצ"ב.

והנה בהמשך כתוב על לוט שניצל בזכות אברהם דכתיב ההרה המלט וכתוב במדרש בזכות אברהם, וכן איתא בהמשך ויזכור אלקים את אברהם

שמחת התורה
פרשת וירא

וישלח את לוט מתוך ההפכה הרי דניצל בזכות אברהם, וצ״ב דהרי חזינן דלוט היה מכניס אורחים במסירות נפש ממש והיה אופה מצות בפסח ומדוע לא ניצול בזכות עצמו, עוד ישל״ע בהא דכתיב ויאמרו האנשים אל לוט עוד מי לך פה, ואיתא ברש״י שאמרו לו שאין לך עוד פתחון פה ללמד סנגוריא עליהם שכל הלילה היה מליץ עליהם טובות, ומבואר דגם לוט רצה להציל אנשי סדום והמליץ עליהם ולא מצינו ששבחוהו חז״ל על כך.

אכן באור הענין נראה דהנה אצל אאע״ה כתוב כי ידעתיו למען אשר יצוה וגו' ושמרו דרך ה', וביאור זה הוא ע״ד מש״כ והלכת בדרכיו מה הוא רחום אף אתה רחום וזה היה מלמד אאע״ה לבניו להתנהג במדותיו יתברך בחסד וברחמים, וכמו שכתב הרמב״ם בפ״א מהלכות דעות ז״ל ולפי שהשמות האלו שנקרא בהן היוצר הן הדרך הבינונית שאנו חייבין ללכת בה נקראת דרך זו דרך ה', והיא שלמדה אברהם אבינו לבניו שנאמר כי ידעתיו למען אשר יצוה את בניו ואת ביתו אחריו ושמרו דרך ה' לעשות צדקה ומשפט, והנה דרכו של השי״ת שהוא מטיב לרעים ולטובים, וכדאיתא בתפלת נעילה כי לא תחפוץ במות המת כי אם בשובו מדרכיו וחיה ועד יום מותו תחכה לו אם ישוב מיד יקבלתו, וממדותיו של השי״ת הוא מדת ארך אפים ורב חסד ואמת, ואיתא ברש״י בפרשת שלח דמדת ארך אפים הוא בין לצדיקים בין לרשעים, וזה מה שהיה מלמד אאע״ה לבניו לילך בדרכים האלו כמש״כ הרמב״ם בפ״א מהלכות דעות שהבאנו, וי״ל דזהו מה שאמר הקב״ה דאם ישחית את סדום ולא יודיע לאברהם הרי דיראו מזה עונשם של רשעים ויהיו סבורים דאע״ג דהי' אפשר לילך עמם במדת החסד אבל השי״ת הלך עמם במדת הדין, וא״כ יהא חסר בהידיעה כמה השי״ת מאריך אפו גם לרשעים, וזהו מה שרצה השי״ת ללמדו דאם היה צד זכות עליהם לא היה מהפך את סדום, אבל כיון שחטאו כ״כ שנסגר בעדם הדרך לתשובה ולא הי' תקוה לתשובה הוא דנהפכו, ויש לפרש דהיינו הא דכתיב כי ידעתיו למען אשר יצוה את בניו ואת ביתו אחריו ושמרו דרך ה' וא״כ יש תועלת להודיעו זאת כדי שידע דרך ה' ומשפטו.

ונמצא דמה שהיה אאע״ה מתפלל עליהם הוא לגודל מדת החסד אשר הי' דרכו בזה, וכדאיתא בברכות בדף י' בהנהו בריוני שהיו בשכנותו של ר״מ שוהוו קא מצערי ליה טובא היה מתפלל עליהם שימותו, ואמר לו אשתו

שיתפלל שיחזרו בתשובה דכתיב יתמו חטאים ולא חוטאים, וזה היה תפלתו של אאע״ה שהקב״ה יחוס עליהם ויאריך להם אפו, אולי יחזרו בתשובה כי לא תחפוץ במות המת, ועי׳ במס״ שער החסידות פי״ט שכתב ז״ל שאין הקב״ה חפץ באבדן הרשעים אלא מצוה מוטלת על החסידים להשתדל לזכותם ולכפר עליהם וזה צריך שיעשה בכונת עבודתו וגם בתפלתו בפועל שיתפלל על דורו לכפר על מי שצריך כפרה ולהשיב בתשובה מי שצריך לה, ולפי״ז י״ל דזהו מה שאמר לו השי״ת דאם יהיו י׳ צדיקים בכל עיר ונשאתי לכל המקום, וי״ל דמלבד זה דזכותם יגינו אבל אם יש צדיקים אולי יש תקוה שהרשעים יתעוררו לתשובה על ידם, וי״ל דעל כן היה צריך שיהא צדקותם בתוך העיר דזה ישפיע יותר על כל רואיהם ויש תקוה שיחזרו בתשובה.

והנה אאע״ה הגם שהיה מתפלל עליהם אבל לא היה מליץ טוב עליהם דמעשיהם היו מרוחקים אצלו בתכלית הריחוק, וע״ז הביאו חז״ל הפסוק אהבת צדק ותשנא רשע, שהיה מתרחק מהם בתכלית הריחוק ומצד א׳ היה מקיים בהם הלא משנאיך ה׳ אשנא, ומצד שני היה מתפלל עליהם שמא יחזרו בתשובה, וחזינן אצל ישמעאל דשלחו מביתו בעירום וחוסר כל, וכתב רש״י שהיה שונאו שיצא לתרבות רעה, וזהו הדרך הנכונה אשר עלה לנח״ר לפני השי״ת, אבל בלוט שהלך לדור בשכינותם וגר עמהם לא היו מעשיהם מתועבים לפניו וכדחזינן שהיה מליץ טוב עליהם כל הלילה, והיינו דאע״ג שהיו רשעים מ״מ המליץ עליהם טוב שאי״ז גרוע כ״כ, ובזה לא מצאנו כלל שהשתבח בכך ואדרבה הוא ג״כ הי׳ עלול למות עמהם ולא הועילה צדקתו ומעשיו הטובים להצילו כיון שהיה בחברת הרשעים אם לא זכותו של אאע״ה, וחזינן מזה דבר נורא כמה משפיע מקום על אדם דיכול אדם להיות במקום הרשעות והאכזריות הכי גדול ומ״מ לא יהי׳ אצלו גרוע מעשיהם, והעצה לזה הוא מש״כ הרמב״ם בפ״ו מהלכות דעות ה״א לפיכך צריך אדם להתחבר לצדיקים ולישב אצל החכמים תמיד כדי שילמוד ממעשיהם ויתרחק מן הרשעים ההולכים בחשך כדי שלא ילמד ממעשיהם הוא ששלמה אמר הולך את חכמים יחכם ורועה כסילים ירוע ואומר אשרי האיש אשר לא הלך בעצת רשעים וגו׳ עכ״ל הזהב.

שמחת התורה

פרשת וירא   י

כִּי יְדַעְתִּיו לְמַעַן אֲשֶׁר יְצַוֶּה אֶת בָּנָיו וְאֶת בֵּיתוֹ אַחֲרָיו
וְשָׁמְרוּ דֶּרֶךְ ה' לַעֲשׂוֹת צְדָקָה וּמִשְׁפָּט לְמַעַן הָבִיא ה' עַל
אַבְרָהָם אֵת אֲשֶׁר דִּבֶּר עָלָיו ועי' רש"י בזה. (בראשית יח, יט)

ויש לבאר עוד בזה דהנה בהבטחת א"י לאאע"ה כתיב לזרעך אתן את הארץ
הזאת, וברמב"ם כ' בפ"י מהל' מלכים דהמילה נצטוה אברהם וזרעו
בלבד יצא זרעו של ישמעאל שנאמר כי ביצחק יקרא לך זרע ויצא עשיו שהרי
יצחק אמר ליעקב ויתן לך את ברכת אברהם לך ולזרעך מכלל שהוא לבדו
זרעו של אברהם המחזיק בדתו ובדרכו הישרה עיי"ש, ומבואר דכל הברכות
אשר נאמר לאברהם אבינו שיתקיים בזרעו הוא רק לאותו זרע המחזיקים בדתו
ובדרכו הישרה, ולפי"ז יש לבאר דהיינו הא דכתיב למען אשר יצוה את בניו
ואת ביתו אחריו ושמרו דרך ה' וגו' למען הביא ה' על אברהם, והיינו משום
דכל הברכות אשר ניתנו לאברהם נאמרו רק להזרע ההולכים בדרך ה' ופשוט.

ונראה להוסיף בביאור הפסוק דהנה יעוי' בס' רוח חיים בפ"א דאבות מ"ג
דאע"ג דהעובד ע"מ לקבל פרס אי"ז עבודה המעולה וכדתנן אל
תהיו כעבדים המשמשים את הרב ע"מ לקבל פרס, מ"מ כ"ז אם עובד ומתכוין
להנאתו, אבל העבודה היותר חשובה ומקובלת תהי' ע"מ לקבל פרס כי עובד
ע"מ שייטב לו שיגיע נח"ר לפניו ית"ש שזהו רצונו להטיב עם בריותיו, ורק
אם מכוין להנאתו זהו העבודה פחותה עיי"ש, ויש לפרש עפי"ז הפסוק
דאאע"ה ציוה את בניו אחריו ושמרו דרך ה' למען הביא ה' על אברהם את
אשר דבר עליו, והיינו כדי שיתקיים רצונו ית"ש להיטיב עם זרעו ודו"ק.

וַיֹּאמֶר ה' זַעֲקַת סְדֹם וַעֲמֹרָה כִּי רָבָּה וְחַטָּאתָם כִּי כָבְדָה
מְאֹד. (בראשית יח, כ)

ויש לבאר עפי"מ דאיתא בפ' משפטים אם ענה תענה אתו וגו' שמע אשמע
צעקתו ובמכילתא שם איתא יכול כ"ז שהוא צועק אני שומע ואם אינו
צועק איני שומע ת"ל שומע אשמע הא מת"ל כי אם צעק אצעק אלי אלא

ממהר אני ליפרע ע״י שהוא צועק, הרי דמלבד עצם החטא דאיכא ע״ז עונש או איכא מדה דאם המתענה צועק ממהר הקב״ה ליפרע, והיינו דכתיב זעקת סדם ועמרה כי רבה וחטאתם כי כבדה מאד דאיכא תרתי חדא עצם החטא וגם מה שצועקים, ויש לבאר דהיינו דכתיב אח״כ הכצעקתה הבאה אלי עשו כלה והיינו דאם צעקת הנגזלין הוא נכונה יפרע מהם מיד, ואם לא אדעה היינו דאכתי יאריך אפו מהם אולי ישובו.

אֵרְדָה נָּא וְאֶרְאֶה הַכְּצַעֲקָתָהּ הַבָּאָה אֵלַי עָשׂוּ כָּלָה וְאִם לֹא אֵדָעָה. (בראשית יח, כא)

וברש״י כתב הכצעקתה של מדינה הבאה אלי עשו וכן עומדים במרדם כלה אני עושה בהם ואם לא יעמדו במרדם אדעה מה אעשה להפרע מהם ביסורין ולא אכלה אותן, ויש לבאר עפי״מ דאיתא בנדה דף דף ע׳ ע״ב כתוב אחד אומר כי לא אחפוץ במות המת וכתוב אחד אומר כי חפץ ה׳ להמיתם כאן בעושין תשובה כאן בשאין עושין תשובה, וי״ל דהיינו הא דכתיב הכצעקתה הבאה אלי עשו והיינו דאם הם בדרגה כזו שלא יחזרו בתשובה יביא עליהם גזירת כלי׳, ואם עדיין הם בדרגה שיכולין לחזור בתשובה אביא עליהם יסורין כדי לעוורם לתשובה.

ויש להוסיף בזה מש״כ הר״י בשע״ת בשער הרביעי דכאשר יבוא המוסר על אויבי השי״ת בעון אחד הם נספים כי תבא עליהם הפורענות בבת אחת, כמו שנאמר תמותת רשע רעה, אבל בבוא המוסר על הצדיקים מעט מעט יבוא עליהם עד תום עונתם, והנה בשע״ת בשער השלישי אות קנ״ט כתב דיש כתות שאין להן חלק לעוה״ב והם כת איבי השי״ת והנה בסנהדרין דף ק״ז תנן דאנשי סדום אין להם חלק לעוה״ב ויש לבאר דהיו מכת איבי השי״ת וממילא נדונו נמי בגזירת כליה וכדברי הר״י שהבאנו דכאשר יבוא המוסר על איבי השי״ת יביא עליהם הפורענות בב״א ויכלו לגמרי והיינו דכתיב הכצעקתה הבאה אלי עשו כלה.

ונראה דיש לומר עוד בביאור הפסוק עפי״מ שכתב הרמב״ם בפ״ג מהל׳ תשובה דאדם שעונותיו מרובין מיד היא אובדת וכן מדינה שעונותיה

מרובין מיד היא אובדת שנאמר זעקת סדום ועמורה כי רבה, ויש לבאר דהיינו הא דכתיב הכצעקתה הבאה אלי עשו כלה והיינו דאם המדינה בכללותה עונתיה מרובין יעשה עמהם כלה דנגזר כליי על כל המדינה, ואם לא היינו דהמדינה בכללותה אין עונותיה מרובין אדעה דידון אותם כיחידים וידון כ״א בפנ״ע אי עונותיו מרובין והשאר ינצלו.

והנה בספורנו כתב ז״ל עשו כלה עשו כולם שאין ביניהם מוחה כמו כלה גרש יגרש שענינו כלכם, וגם זה נודע בשליחות המלאכים שנאמר בו כל העם מקצה ואין מכלים, והוא כמש״כ רש״י להלן כל העם מקצה ז״ל מקצה העיר עד הקצה שאין אחד מוחה בידם שאפילו צדיק אחד אין בהם, ויש לבאר עפי״מ דאיתא במס׳ ע״ז ד״ד א״ר אבא בר כהנא מאי דכתיב חלילה לך מעשות כדבר הזה להמית צדיק עם רשע אמר אברהם לפני הקב״ה רבש״ע חולין הוא לך מעשות כדבר הזה להמית צדיק עם רשע, ולא והכתיב והכרתי ממך צדיק ורשע בצדיק שאינו גמור וכו׳, אבל בצדיק גמור לא והכתיב וממקדשי תחלו וכו׳ התם נמי שהיה בידם למחות ולא מיחו הו״ל כצדיקים שאינם גמורים, וי״ל דהיינו הא דכתיב הכא דאם כצעקתם הבאה אלי עשו כלה, והיינו דאין מוחה בידם ממילא נתחייבו כלם מיתה ופשוט.

אוּלַי יֵשׁ חֲמִשִּׁים צַדִּיקִם בְּתוֹךְ הָעִיר וגו׳ חָלִלָה לְּךָ מֵעֲשֹׂת כַּדָּבָר הַזֶּה וגו׳ הֲשֹׁפֵט כָּל הָאָרֶץ לֹא יַעֲשֶׂה מִשְׁפָּט.

(בראשית יח, כד-כה)

ובמד״ר פרשה מ״ט איתא אמר רבי לוי השופט כל הארץ לא יעשה משפט אם עולם אתה מבקש אין דין ואם דין אתה מבקש לית עולם את תפיס חבלא בתרין ראשין בעי עלמא ובעי דינא אם לית את מותר ציבחר לית עלמא יכיל קאים, והדברים מבוארים עפי״מ שכתב רש״י בריש פרשת בראשית שבתחילה עלה במחשבה לברוא את העולם במדת הדין וראה הקב״ה שאין העולם מתקיים הקדים מדת הרחמים ושתפה למדת הדין היינו דכתיב ביום עשות ה׳ אלקים ארץ ושמים עיי״ש, והיינו הא דקאמר אאע״ה להשי״ת דאם

ידון את העולם במדת הדין אין עולם, דהעולם א״י להתקיים במדת הדין בלא מדת הרחמים.

אמנם הרי חזינן דאאע״ה ביקש שינצלו בזכות הצדיקים אשר בקרבה ולכאורה גם בלא״ה הי׳ יכול לבקש עליהם רחמים, אמנם הוא מבואר עפי״מ שכתב במס״י פרק ד׳ דאע״ג דמדת הרחמים היא קיומו של עולם שלא הי׳ עומד זולתה כלל וכלל ואעפ״כ אין מדת הדין לוקה כי לפי שורת הדין ממש הי׳ ראוי שהחוטא יענש תיכף לחטאו בלי המתנה, וגם שהעונש יהי׳ בחרון אף כראוי למי שממרה פי הבורא ית״ש, ושלא יהיה תיקון לחטא כלל, אמנם מדת הרחמים היא הנותנת הפך הג׳ דברים שזכרנו היינו שיותן זמן לחוטא ולא יכחד מן הארץ מיד כשחטא ושהעונש עצמו לא יהיה עד לכלה ושיתשובה מועלת, אך עכ״פ החסד אינו מכחיש הדין לגמרי וכו׳ וכן שאר כל דרכי החסד אינם מכחישים ממש מדת הדין כי כבר יש בהם טעם הגון להחשיב אותם, אך שיותרו עבירות בלא כלום או שלא יושגח עליהם זה היה נגד הדין לגמרי כי כבר לא היה משפט ודין אמיתי בדברים על כן זה א״א שימצא כלל עיי״ש בדבריו המאירים, וזה״ב דאאע״ה אמר לפני השי״ת דאם ידון אותם בדין הגמור לא יהא קיום לעולם וצריך לצרף מדת הרחמים למדת הדין וממילא בזה אפשר לדון ג״כ דזכות הצדיקים תגן על הרשעים, וזהו חסד שאינו מכחיש מדת הדין לגמרי, והיינו דהשיב לו השי״ת דאם ימצא י׳ צדיקים בכל עיר תגן זכותם על העיר.

קוּם קַח אֶת אִשְׁתְּךָ וגו׳ פֶּן תִּסָּפֶה בַּעֲוֹן הָעִיר.

(בראשית יט, טו)

ונראה לבאר עפי״מ דאיתא במס׳ ע״ז מאי דכתיב חלילה לך מעשת כדבר הזה להמית צדיק עם רשע אמר אברהם לפני הקב״ה רבש״ע חולין הוא מעשות כדבר הזה להמית צדיק עם רשע ולא והכתיב והכרתי ממך צדיק ורשע ומשני בצדיק שאינו גמור, וי״ל דלוט הי׳ צדיק שאינו גמור והיינו דאמרי ליה דאה״נ איהו בפנ״ע לא נתחייב מיתה אבל הא מיהא אם לא יצא הרי הוא נכלל בהחיוב מיתה של העיר כיון דאינו צדיק גמור, והנה להלן

פסוק כ״ב כתוב מהר המלט שמה כי לא אוכל לעשות דבר עד באך שמה וצ״ב דהא בפסוק ט״ו איתא דאם לא יצא יתחייב מיתה עמהם, והכא כתוב דכ״ז דאינו יוצא אינו יכול לעשות דבר, אכן להמבואר הרי ניחא דכ״ז שהוא בתוך העיר הרי הוא נכלל בהחיוב של העיר וממילא דאם לא יצא משם ימות בעון העיר, אבל אחר שהוציאוהו מחוץ לעיר שוב ל״ה נכלל בהחיוב של העיר וממילא דלא הי׳ יכול לעשות דבר עד שימלט כיון דאיהו לא נכלל בחיובם, ובזה מבואר הא דהוציאוהו חוץ לעיר ולכאורה צ״ב מ״ט לא הוציאוהו מכל הככר, אכן להנ״ל הרי ניחא דמה שנוגע להצלת לוט סגי בזה שהוציאוהו חוץ מהעיר וממילא לא היה נכלל בהחיוב של העיר ולא היו יכולים להפוך את סדום עד שיצא משם.

והנה בפסוק י״ז כתיב אל תבט אחריך וגו׳ ההרה המלט פן תספה והנה שם לא כתוב פן תספה בעון העיר וצ״ב. אכן להמבואר ניחא היטב דכיון שיצא מהעיר שוב ל״ה נכלל בהחיוב של העיר, והיינו דאמרו לו דאם יביט מאחוריו משום זה עצמו יתחייב מיתה ולא מחמת עון העיר, והיינו דכתיב פן תספה ולא כתוב בעון העיר וא״ש.

הֲלֹא הוּא אָמַר לִי אֲחֹתִי הִוא וְהִיא גַם הִוא אָמְרָה אָחִי הוּא וגו׳. (בראשית כ, ה)

וצ״ב ל״ל האמירה של שניהם, ועי״ע בפרש״י שכתב גם היא לרבות עבדים וגמלים וחמרים שלה את כלם שאלתי ואמרו לי אחיה הוא, וצ״ב מ״ט הוצרך לשאול את כולם ולא סגי ליה באמירתם של אברהם ושרה גופייהו, עוד צ״ע דהנה במד״ר איתא א״ר לוי כל אותה הלילה היה מלאך עומד ומגלב בידו והיה מתיעץ בשרה אם אמרה לי מחי מחי ואם אמרה ליה שבוק הוה שביק כל כך למה שהתה אומרת לו אשת איש אני ול״ה פורש, ותמוה מאוד דהרי בקרא כתיב דטען דגם היא אמרה אחתי היא ובמד״ר מפורש דאמרה לו דהיא אשת איש, עוד צ״ב הא דכתיב אח״כ ויאמר אבימלך וגו׳ מה ראית כי עשית את הדבר הזה ויאמר אברהם כי אמרתי רק כי אין יראת אלקים וגו׳

וגם אמנה אחתי בת אבי היא וגו׳ וצ״ב ל״ל להנך ב׳ טעמים ועי׳ רש״י דאמר כן לאמת דבריו ועדיין צ״ת.

ואשר נראה בביאור הענין בעזהשי״ת דהנה ברמב״ם כתב בפ״ט מהל׳ מלכים דב״נ אסור באחותו מן האם, ועי׳ בכס״מ דהרמב״ם פסק כר״א דפשטא דקרא מסייעא ליה דכתיב ואמנה אחתי בת אבי אבל לא בת אמי וגו׳ ומשמע דאחתו מן האם אסורה וכ״ה בפרש״י בפרשתיין, והנה מעיקרא כשבאו אברהם ושרה לגרר אמר אברהם אבינו אחתי היא וגם שרה אמרה אחי הוא והיה סבור אבימלך דכוונתם דהם אחים גם מן האם, וא״כ הרי באמירתם איכא תרתי חדא דין עדות ונאמנות דהם אחים וממילא מוכרח דאינה אשתו דהרי אחתו מן האם אסורה לב״נ, ועוד איכא בזה דין שוי׳ אנפשי׳ חתיכה דאסורה שהרי אמרה דהיא אחתו ואסורה עליו. והנה אחר שלקחה אבימלך חזרה שרה ואמרה דלקושטא דמילתא אשתו היא, והי׳ סבור אבימלך דגם אי נימא דכד דיינינן נאמנותה מדין עדות מהני חזרתה כיון דהיתה אמירה חוץ לב״ד, וע״א שמעיד חוץ לב״ד יכול לחזור בו דדינא דא״ח ומגיד הוא רק בב״ד, [וגם בעדות של איסורין מבואר בש״ש ש״ו דאם העיד חוץ לב״ד יכול לחזור בו] אבל הא מיהא לא מהניא חזרתה כיון דשוי׳ אנפשיה חתיכה דאסורה ובדין שוי׳ אנפשי׳ לא מהני חזרה, וכיון דאמרה אחתי היא א״כ הא אסורה על אברהם ול״ש בה תפיסת קדושין.

וי״ל דזהו דטען אבימלך הלא הוא אמר לי אחתי היא וממילא דיש כאן בזה דין עדות ונאמנות דהיא אחתו, וגם היא אמרה אחי הוא ויש בזה דין שוי׳ אנפשה דהיא אסורה על אאע״ה ושוב לא מהני חזרתה כלל לומר דהיא אשתו, והא דהוסיף דשאל גם הגמלים והחמרים ואמרו אחתי, נראה לבאר עפי״מ דאיתא בכתובות דכ״ג הוחזקה נדה בשכינותיה בעלה לוקה משום נדה, וכמו״כ באשתו ואחתו מהני דין יוחזק עי׳ ברמב״ם בפ״א מהל׳ איסו״ב, והנה חלוק הוא דין שויה אנפשיה מדין יוחזק דבשויה אנפשיה מהני חזרה ע״י אמתלא משא״כ היכא דהוחזק הדבר לא מהני חזרה ע״י אמתלא, ויעוי׳ בט״ז סימן קפ״ד שכתב לבאר החילוק בין שוי׳ אנפשיה דמועיל חזרה ע״י אמתלא ליוחזק דאינו מועיל חזרה ע״י אמתלא, דיוחזק היינו בפני רבים וכיון דהחזיק עצמו בפני רבים אינו מועיל חזרה, ואשר לפי״ז יש לבאר היטב דהיינו הא דטען אבימלך דמלבד דיש דין נאמנות של ע״א ודין שויה אנפשי׳,

עוד יש בזה דינא דיוחזק דהוחזקה לאחתו ושוב לא מהני אמירתה כלל דהיא אשתו, ולא מהני חזרתה גם ע״י אמתלא והיינו דקאמר בתם לבבי ובנקיון כפי עשיתי זאת.

ולפי״ז יש לבאר הא דהשיב אאע״ה כי אמרתי רק אין יראת אלקים וגו׳, וביאור הדברים דהנה בכתובות דף כ״ב איתא דאשה שאמרה אשת איש אני וחזרה ואמרה פנויה אני נאמנת, ומקשינן והא שויא אנפשה חתיכה דאיסורא ומתרצינן כגון שנתנה אמתלא לדבריה, וא״כ ה״נ גם אי נימא דבזה דאמרה אחתי איכא בזה דין שויה אנפשיה מ״מ כיון דאמרה כן מפני היראה הרי איכא בזה אמתלא למה אמרה כן, וממילא דליכא בזה דין שויא אנפשיה חד״א, אלא דאכתי הרי נתבאר דדין אמתלא מהני רק בדין שויא אנפשיה אבל היכא דאיכא דין יוחזק לא מועיל אמתלא, אכן יעוי׳ במס׳ ב״ב דף קכ״ז דאיתא אמר עבדי הוא וחזר ואמר בני נאמן דמשמש ליה כעבדא, ועי׳ בס׳ ש״ש שכתב דגם אי נימא דבדין נאמנות של יכיר לא מועיל אמתלא מ״מ הכא עדיפא מאמתלא כיון דאומר דמעיקרא כשאמר עבדי כוונתו היתה דמשמש ליה כעבדא, ומבואר דאע״ג דסתמא כשאדם אומר עבדי כוונתו דאינו בנו יכול לפרש דבריו ולומר דמשמש לי כעבדא, ולפי״ז היינו דקאמר ליה אאע״ה דאה״נ דסתמא כשאמר אחתי מתפרש נמי אחתי מן האם מ״מ איהו נתכוון לומר אחתי מן האב וא״כ מעיקרא ליכא בזה דין שוי׳ אנפשיה ודין יוחזק לאוסרה עליו וא״ש.

כִּי לֹא יִירַשׁ בֶּן הָאָמָה הַזֹּאת עִם בְּנִי עִם יִצְחָק.

(בראשית כא, י)

וכתב רש״י שהי׳ מריב עם יצחק על הירושה ואומר אני בכור ונוטל פי שנים, ובהא דכתוב עם בני עם יצחק כתב רש״י מכיון שהוא בני אפילו אם אינו הגון כיצחק או הגון כיצחק אפילו אינו בני אין זה כדאי לירש עמו, וצ״ב דאם אינו בנו מאי מהני הא דהוא הגון הא סו״ס לאו יורש הוא.

ויש לבאר דהנה בס״פ לך לך כתיב ויאמר אלקים אבל שרה אשתך ילדת לך בן וקראת את שמו יצחק והקמתי את בריתי אתו לברית עולם לזרעו

פרשת וירא   # שמחת התורה   יז

אחריו הרי דרק הזרע שיהא לו משרה הוא יתיחס אחריו להיות נחשב ישראל,
אכן מלבד זאת הי' הפקעה במסוים בישמעאל שאינו נחשב בנו כיון דהי' בן
האמה וקי"ל ולד שפחה כמותה, ונראה פשוט דגם בב"נ אע"ג דיורש את אביו
כ"ז בב"נ דיש לו יחס אבל בנו מן השפחה אינו מתיחס אחריו ואינו יורשו,
ויש לבאר דהיינו הא דקאמרה כי לא יירש בן האמה הזאת עם בני והיינו
דדוקא יצחק שנולד משרה הוא דאית ליה דין ישראל ומתיחס אחריו, ועוד
עם יצחק דגם אם הי' נולד מאשה אחרת ולא הי' לו דין ישראל מ"מ אין
ישמעאל כדאי לירש עמו כיון דהוא בן האמה ואינו מתיחס אחריו כלל גם
לגבי דין ירושה של ב"נ, אכן לשון רש"י עדיין צ"ב.

ונראה דיש לבאר עוד דהנה יעוי' ברמב"ם בהל' מלכים שכ' דזרע אברהם
נחשב רק אותו הזרע שמחזיק בדתו ובדרכיו הישרים, וע"כ כיון
דראתה שרה את ישמעאל מצחק דהי' בזה מג' עבירות, שוב ל"ה בכלל
מחזיק בדרכיו ודתו הישרים, והיינו דקאמרה כי לא יירש בן האמה הזאת
עם בני עם יצחק, והיינו דהופקע מלהיות זרע אברהם מתרי טעמי חדא מפני
שהוא בן האמה ואינו בנו, ועוד מפני שאינו מחזיק בדרכיו הישרים ואינו
בכלל זרע אברהם.

ויש להוסיף עוד בזה דהנה יעוי' בס' חי' מרן רי"ז הלוי בפ' תולדות דהא
דישמעאל הופקע מלהיות זרע אברהם הוא גם בלא הך טעמא דאינו
מחזיק בדתו ודרכו הישרים, אלא דמעיקרא נאמר בקרא דואת בריתי אקים את
יצחק דרק יצחק נבחר להיות זרע אברהם ולא ישמעאל עיי"ש בדבריו
המאירים, ולפי"ז י"ל דהיינו דקאמרה כי לא יירש בן האמה הזאת עם בני עם
יצחק דהי' בחירה מסוימת על יצחק, והיינו דא"ל הקב"ה אל ירע בעיניך וגו'
כי ביצחק יקרא לך זרע וכש"נ.

וַיֵּרַע הַדָּבָר מְאֹד בְּעֵינֵי אַבְרָהָם עַל אוֹדֹת בְּנוֹ. וַיֹּאמֶר אֱלֹקִים אֶל אַבְרָהָם אַל יֵרַע בְּעֵינֶיךָ עַל הַנַּעַר וְעַל אֲמָתֶךָ.

(בראשית כא, יא-יב)

ובפי' האוה"ח כתב דהרע בעיניו על זה שייחסה אותו שרה להגר כאומר האמה ואת בנה ובא הקב"ה והצדיק דברי שרה ואמר לו כל אשר וגו' שמע בקולה ואל תחשוב אותו בנך והיא אומרו על הנער וגו' עקר לו שם בנו, והנה ביסוד ד"ז אם ישמעאל נחשב בנו ומתיחס אחריו או דדינן כבן השפחה ואינו מתיחס אחריו, כבר נתבאר לעיל בפרשת לך לך שנחלקו בזה אברהם ושרה אי נשתחררה הגר עיי"ש, ולכאורה זה הי' נמי יסוד פלוגתתם הכא אי נחשב בנו או דאינו נחשב בנו, אכן צ"ב דהנה יעוי' בפי' האוה"ח בפרשת לך דאאע"ה הסכים לשרה בזה דהגר היא שפחה, וא"כ צ"ב מ"ט היה סבור שהוא בנו הרי קיי"ל דולד שפחה כמותה.

ונראה דיש לבאר בזה עפי"מ שכתבנו בפרשת לך לך דזה לכו"ע היה שיחרור לזמן אלא דהיה הנדון אי אח"כ יכולה לחזור ולהיות שפחה ובזה הוכרע כשרה שחוזרת להיות שפחה וע"כ סבר אאע"ה דבשלמא הא דקרי לה אמה הוא משום דחזרה ונעשית שפחה, אבל לגבי ישמעאל כיון דבשעה שמסרתה לאאע"ה היתה משוחררת שפיר חשיב בנו, והיינו דכתיב וירע הדבר בעיני אברהם על אדת בנו, אלא דלפי"ז צ"ב דהרי מבואר בפרשייתן דהוכרע הדבר כשרה שישמעאל אינו בנו ואין מתיחס אחריו וצ"ב מ"ט ל"ה בנו כיון דהיתה משוחררת לזמן וצ"ב.

ונראה די"ל דשרה שחררה את הגר רק עד העיבור כדי שיהא לו בה היתר ביאה אבל אחר הביאה חזרה ונעשית שפחה, וע"כ כיון דמיד אחר העיבור חזרה ונעשית שפחה דכל מה שנשתחררה הוא מחמת ההיתר ביאה, נמצא דבשעת הלידה הי' בן השפחה ושפיר הוי דינא דמתיחס בתרה והיינו דקאמר גרש את האמה הזאת ואת בנה, ולפי"ז אפ"ל דאאע"ה סבר דאזלינן בתר העיבור וכיון דבשעת העיבור היתה משוחררת שפיר חשיב בנו, והיינו דכתיב וירע הדבר בעיני אברהם על אדת בנו דאה"נ הגר עצמה עתה שפחה אבל הא מיהא הי' סבור דמ"מ בנו הוא כיון דבשעת העיבור מיהא היתה משוחררת.

ונראה די״ל עוד בזה דהנה ביבמות דף ק׳ איתא דהא דכתיב להיות לך לאלקים ולזרעך אחריך דהכי קאמר ליה לא תנסב עכו״ם ושפחה דלא ליזל זרעך בתרה, והנה נתבאר בפרשת לך לך דהך אזהרה נצטוה אאע״ה בשעה שנצטוה על המילה הוא משום דאז הוא דנשלם ביה דין ישראל והופקע מיניה דין יחוס של ב״נ אבל קודם לזה הי׳ דינו כב״נ, וכדמבואר כן ברמב״ן בפרשת אמור דהדין יחוס של ישראל נתחדש אחר באו בברית, וא״כ נמצא דגם אם נימא דהגר היתה שפחה בשעה שילדה את ישמעאל מ״מ כיון דלא נתחדש בזה עדיין דין יחוס דישראל ממילא היה בזה דינא דבאומות הלך אחר הזכר, וא״כ ה״נ כיון דהוליד את ישמעאל בעוד שהיה לו דין ב״נ ממילא הי׳ נחשב בנו אע״ג דהיתה שפחה, אכן בד׳ שרה י״ל דסברה דכיון דאח״כ נבחר אאע״ה להיות בכלל ישראל ונאמר בדין יחוס דישראל דולד שפחה כמותה אע״ג דנולד בעודו ב״נ מ״מ הופקע מיניה דין יחוס דב״נ, ודינו כהוליד בן בגיותו ונתגייר אח״כ דהבן אינו מתיחס אחריו והיינו דקאמרה גרש את האמה הזאת ואת בנה וא״ש וכש״נ.

והנה להלן בפרשת העקידה כתיב קח נא את בנך את יחידך וכתב רש״י את בנך אמר לו שני בנים יש לי אמר לו את יחידך, וצ״ב הא כבר הוכרע הדבר כשרה כדכתיב כי ביצחק יקרא לך זרע וא״כ הא אינו בנו, ונראה די״ל דהנה איתא ביבמות דאם היה לו בנים בעודו בגיותו ונתגייר ר״י אמר קיים פ״ו דהא הוו ליה הרי דס״ל דאע״ג דאינו מתיחס אחריו מ״מ שם בן לא פקע מיניה וע״כ היה סבור אאע״ה דכיון דבשעה שנולד היה מתיחס אחריו דאכתי הי׳ לו דין ב״נ אכתי שם בן עליו, ורק דעתה אינו מתיחס אחריו וקרא דכי ביצחק יקרא לך זרע היינו דעתה אינו מתיחס אחריו והיינו הא דקאמר שני בנים יש לי, אכן י״ל דלקושטא דמילתא דל״ה בנו כלל וכדאיתא בגמ׳ הכל מודים בעבד שאין לו חיס דכתיב שבו לכם עם החמור עם הדומה לחמור והיינו דאינו בנו כלל, וי״ל דהך מילתא נתחדש בפרשת העקידה דישמעאל לא חשיב בנו כלל וא״ש.

אמנם העיר אאמו״ר שליט״א דהא מבואר ברש״י דאחר ההריון נתנה בה שרה עין הרע והפילה עוברה וא״כ הרי הדר דינה דהיא בת חורין ובקרא מבואר ותענה שרי שסברה שעדיין היא שפחה, אכן ראיתי במדרש הגדול דמבואר דהפילה הולד אחר העינוי ולפי״ז ל״ק, אכן מד׳ רש״י נראה

דהפילה מיד אחר ההריון וצ״ע, ועוד העירוני דבעיקר ד׳ הקצוה״ח שכתב בדעת הירושלמי דבשיחרור לזמן ליכא איסור שפחה כבר הקשה החת״ס מהמשנה דמי שהיה חציו עבד וחציו בן חורין עובד את רבו יום אחד ואת עצמו יום אחד אמרו ב״ש תקנתם את רבו ואת עצמו לא תקנתם לישא שפחה א״י וכו׳ הרי דגם ביום של עצמו אסור בשפחה ובבת חורין, והוכיח מזה החת״ס דלענין היתר ביאה אסורה גם ביום שהיא בת חורין, וא״כ לפי״ז בהכרח ששרה שחררה אותה לגמרי והדרק״ל אכן י״ל דשאני התם דבעצמותו הוי חצי עבד וחצי בן חורין וע״כ גם ביום שהוא בן חורין אסור, אבל בשיחרור לזמן י״ל דבאותו זמן שהוא משוחרר הוי בן חורין גמור ומותר בבת חורין וצ״ע בזה.

וְלֶךְ לְךָ אֶל אֶרֶץ הַמֹּרִיָּה וְהַעֲלֵהוּ שָׁם לְעֹלָה וגו׳.

(בראשית כב, ב)

והנה ברמב״ם בפ״ב מהל׳ בית הבחירה ה״א כתב ז״ל ובמקדש נעקד יצחק אבינו שנאמר ולך לך אל ארץ המוריה ויש להסתפק אם המזבח שבנה אאע״ה לעקוד את יצחק הי״ל דין במת יחיד או דין במת ציבור והי״ל דין הקרבת מקדש, ונראה להביא כמה ראיות לזה דהי׳ להקרבתו דין הקרבת מקדש א׳ דיעוי׳ בזבחים דף צ״ז דאיתא דעולה טעונה כלי ויליף לה מהא שכתיב וישלח אברהם את ידו ויקח את המאכלת לשחוט את בנו, ובתוס׳ ר״פ איזהו מקומן הביאו ראי׳ מזה דשחיטה בעי כ״ש ונראה מזה דהמזבח שבנה אאע״ה הי״ל דין במת ציבור דאי נימא דהי״ל דין במת יחיד הא לא בעי כ״ש דאין כ״ש בבמה כדתנן בזבחים דף קי״ג, אכן יעוי׳ בשטמ״ק בר״פ איזהו מקומן שכתבו דמקרא דויקח את המאכלת ילפינן רק דין כלי ולא דין כלי שרת וא״כ י״ל דלעולם הי״ל דין במת יחיד ודין כלי בשחיטה איכא גם בבמת יחיד.

אמנם יש להביא ראיה עוד דעקידת יצחק הי״ל דין הקרבת מקדש מהא דאיתא במדרש תנחומא בפרשת העקידה דא״ל יצחק לאאע״ה בבקשה ממך אל תעש בי מום, ומשמע דאם היה נופל בו מום הי׳ נפסל

להקרבה, והנה קודם הקמת המשכן לא היה פסול מום בקרבנות רק מחוסר אבר כדאיתא בזבחים דף קט"ז, ויליף לה מדכתיב לגבי נח ומכל החי מכל בשר אמרה תורה הבא בהמה שחיין ראשי איברים שלה, וא"כ מה איכפ"ל שיעשה בו מום, אכן אם נימא דמזבח שבנה אאע"ה הי"ל דין הקרבת מקדש ניחא דהרי גם ב"נ א"י להקריב במקדש קרבן שי"ב מום כדאיתא בתמורה דף ז'.

אכן י"ל דאינו מוכרח דגם אם נימא דהמזבח שבנה אאע"ה הי"ל דין במת יחיד מ"מ אפ"ל דאאע"ה הי"ל דין ישראל והקריבו בתורת קרבנות ישראל ובקרבנות ישראל הוי דינא דמום פוסל בהן, אכן מהא דאיתא בזבחים דעד שלא הוקם המשכן היו יכולים להקריב בע"מ משמע דגם ישראל היו יכולין להקריב בע"מ, וע"כ כנ"ל דאצל אאע"ה הי' דין הקרבת מקדש.

והנה ראיתי נדפס בשם מרן הגרי"ז זצ"ל שאמר דהאיל שהקריב אאע"ה הי"ל דין קרבן ישראל והביא ראיה לזה מהא דאיתא בירו' בפ"ק נדרים בהא דתנן כאימרא [והיינו דיכול לאסור בנדר שמתפיסו באימרא] דהכוונה בזה שאומר כאימרא היינו כאילו של אאע"ה, ואי נימא דהאיל של אאע"ה הי"ל דין קרבנות ב"נ הא ליכא בזה מעילה ומה שייך להתפיס בזה, ובהכרח דהי"ל דין קרבן ישראל עכת"ד, אמנם יש לעיין בזה דהא התפסה לא תלי' בחיוב מעילה רק באיסור קודש דהא מבואר בנדרים דף י"ב דאפשר להתפיס בבשר שלמים קודם זריקה אע"ג דליכא בזה מעילה, אכן נראה בביאור ראיתו דשאני שלמים דיש בזה איסור קודש מה"ת, אבל בהקגרבן שהקריב אאע"ה אם נימא דהי"ל דין קרבנות ב"נ לא היה בזה איסור קודש מה"ת כדאיתא בתמורה דף ג' לגבי קדשי נכרים דלא נהנין ולא מועלין ומפרשינן בגמ' דהא דתני אין נהנין בהן הוא מדרבנן, הרי דבקרבנות ב"נ ליכא איסור קודש מה"ת וא"כ לא שייך התפסה בהו דלדין התפסה בעינן איסור קדש, וע"כ דאילו של אאע"ה הי"ל דין קרבן ישראל. [אכן ישל"ע בזה דהא איכא מ"ד בירו' דכאימרא היינו כולד חטאת והרי בולד חטאת נמי ליכא מעילה דהוי מחמש חטאות המתות וברש"י בתמורה דף כ"ב מבואר דהא דאסור בהנאה הוא מדרבנן ומ"מ שייך בזה התפסה וצ"ע]

והנה יש להביא ראיה עוד דהמזבח שעשה אאע"ה הי"ל דין הקרבת מקדש דיעוי' במד"ר דאיתא דאמר אאע"ה לפני הקב"ה רבון העולמים יש

קרבן בלא כהן א"ל הקב"ה כבר מיניתך שתהא כהן, ואם נימא דהי"ל דין במת יחיד הרי קיי"ל דאין כיהון בבמה וע"כ דהי"ל דין מקדש והנה יעוי' לעיל בפרשת נח שהבאנו מהסוגיא בזבחים דהמזבח שהקריב נח הי"ל דין במת יחיד ולהמבואר דהמזבח שבנה אאע"ה הי"ל דין במת ציבור צ"ל דחלוק הי' המזבח שבנה נח מהמזבח שבנה אברהם דהמזבח שבנה נח הי"ל דין במה קטנה משא"כ המזבח שבנה אאע"ה הי"ל דין במה גדולה והקרבת מקדש, [ועי' בזה בשו"ת חת"ס יו"ד סימן רל"ה] ויש לבאר בזה דאצל ב"נ ל"ש כלל תורת במת ציבור דדין ציבור שייך רק אצל ישראל ורק אצל ישראל שייכא תורת במת ציבור, וע"כ אצל נח הי' זה הקרבה של במת יחיד משא"כ אצל אאע"ה דהי"ל דין ישראל הי' שייך לאשווי תורת במת ציבור וא"ש.

וַיִּקַּח אַבְרָהָם אֶת עֲצֵי הָעֹלָה וַיָּשֶׂם עַל יִצְחָק בְּנוֹ וגו' וַיֹּאמֶר הִנֵּה הָאֵשׁ וְהָעֵצִים וְאַיֵּה הַשֶּׂה לְעֹלָה. (בראשית כב, ו-ז)

ונתקשו המפרשים מ"ט שאל זאת רק עתה, ובס' חנוכת התורה כתב דמעיקרא הי' סבור שהוא הקרבן אבל כיון שהניח עליו את האש והעצים הרי אם הי' קרבן הרי הי' אסור להשתמש בו וע"ז שאל ואיה השה לעלה, וע"ז השיב לו אאע"ה האלקים יראה לו השה לעלה בני, והיינו דעדיין לא הקדישו וע"כ יכול להניח עליו האש והעצים, אכן יעוי' בתוס' בפסחים דף ס"ו ע"ב שהביאו הירושלמי דבגוונא דהוא צורך קרבן ליכא איסור עבודה וא"כ אא"ל דזה הי' שאלתו של יצחק.

ונראה דהנה בעיקר הא דשאל יצחק איה השה לעולה כבר עמדו בזה מנ"ל דיביא שה לעולה דלמא שלמים [למ"ד ב"נ קרבו שלמים] ואמר בזה מרן הגרי"ז דהנה איתא במנחות דף מ"ט דלחינוך המזבח צריך קרבן תמיד וזהו דשאל איה השה לעולה, ומבואר לפי"ד מרן זצ"ל דנקט ג"כ דהי"ל דין הקרבת מקדש דבבמת יחיד ליכא דין חינוך כלל, ולא שם תמיד כלל, ובזה שמעתי לבאר בשם הגרי"ד זצ"ל הא דשאל יצחק איה השה לעולה, ולכאורה צ"ב מנ"ל דיהא שה לעולה דלמא מביא העצים שהם יהיו הקרבן דהא איכא

קרבן עצים, אכן להנ״ל ניחא דשאלתו הי׳ מחמת לתא דחינוך המזבח, דצריך לחנכו בקרבן תמיד.

והנה בעיקר שאלתו של יצחק איה השה לעולה ישל״ע דלמא יקנה שה בהמקום שיקריב שם, אכן להמבואר י״ל דשאלתו הי׳ דהרי תמיד בעי ביקור ד׳ ימים וא״כ לא יוכל להקריב עדיין דאין לו תמיד מבוקר, ולפי״ז י״ל דמעיקרא לא הוקשה לו איה השה לעולה דדלמא רצונו להקריב בבמה ורק דכיון דראה את המקום מרחוק וראה שרוצה להקריב בהר המוריה הרי הבין דרוצה להקריב בבית הבחירה שיהא לזה דין הקרבת מקדש ושהמזבח יהא עליו דין במת ציבור, והיינו דהקשה איה השה לעולה דהא לחינוך המזבח בעינן תמיד ובעינן שיהא מבוקר, וזהו דא״ל לעלה בני דהוא עצמו יהא עלה והוא עלה תמימה.

וַיַּעֲקֹד אֶת יִצְחָק בְּנוֹ וַיָּשֶׂם אֹתוֹ עַל הַמִּזְבֵּחַ מִמַּעַל לָעֵצִים.
ופסוק י׳ וַיִּשְׁלַח אַבְרָהָם אֶת יָדוֹ וַיִּקַּח אֶת הַמַּאֲכֶלֶת לִשְׁחֹט אֶת בְּנוֹ. (בראשית כב, ט-י)

ומבואר דרצה לשחטו ע״ג המזבח וצ״ב הא לכאורה בשחיטה ליכא דינא שיהא ע״ג המזבח, אכן נראה די״ל דהנה נתבאר לעיל דהמזבח שבנה אאע״ה הי״ל דין במה גדולה והנה ק״ק הנשחטין בבמה גדולה יש להו דין שחיטה בצפון והנה לקיום דין צפון בעינן שיהא להמקום קדושת עזרה כדמבואר ברש״י בזבחים דף כ׳ והכא עדיין לא נתקדש המקום בקדושת עזרה וא״כ אם היה שוחטו בצידי המזבח לא הי׳ בשחיטתו קיום דין צפון ומשו״ה העלהו לשחטו ע״ג המזבח דבהמזבח עצמו איכא קיום דין צפון כדאיתא בזבחים דף נ״ח דקדשי קדשים ששחטן בראש המזבח כאילו נשחטו בצפון וא״ש

והנה בזבחים דף קי״ט ממעטינן דבבמה קטנה ליכא דין שחיטה בצפון דכתיב צפונה לפני ה׳ ואין צפון בבמה, ובס׳ מקד״ד הקשה דל״ל קרא למעוטי במה מדין צפון והא תפו״ל דבמה ליכא קדושת עזרה וא״כ לא שייך

פרשת וירא   שמחת התורה   כד

בזה דין צפון אכן להמבואר ניחא דאי במה ל"ה נתמעט מדין צפון היה צריך
לשחטו ע"ג הבמה דהבמה עצמה הי"ל קיום דין צפון כמו בשוחט ע"ג המזבח
וזהו דממעטינן דאין דין צפון בבמה וראיתי במנ"ח מצוה קל"ב שהעיר דלמה
לן ילפותא דאפשר לשחוט ק"ק ע"ג המזבח מ"ט לא נילף מאברהם שעקד
יצחק בנו ע"ג המזבח הרי דבמזבח עצמו יש קיום דין צפון, וכתב די"ל דשאני
התם דהי' הוראת שעה ומבואר ג"כ דהמנ"ח נקט דהמזבח שבנה אאע"ה הי"ל
דין במה גדולה דאם היה במה קטנה ליכא בזה דין צפון כלל, אלא דכתב
דמהא שהעלהו ע"ג המזבח ליכא למילף דלמא הוראת שעה היתה אכן
לקושטא דמילתא שפיר אפ"ל דהיה בזה קיום דין צפון.

ונראה דיש להוסיף בזה דיסוד הדבר שהעלהו ע"ג המזבח קודם שחיטה
מבואר עפי"מ שכתב בחי' הגרי"ז דהעלאה של יצחק ע"ג המזבח
היה בו דין עבודה מחיים ובזה נשלם בו דין קרבן וזהו והעלהו נא לעולה
דע"י העלאתו יהא נשלם בו קדושת עולה, ולפי"ז ליכא הכרח דהעלהו לשחטו
ע"ג המזבח מחמת דין שחיטה בצפון אלא דהי' צריך להעלותו כדי שיהא
נשלם בו דין קרבן עולה וע"כ לא ילפינן מזה דראשו של המזבח אית ליה
דין צפון אבל הא מיהא אחר דחזינן דראשו של מזבח יש לו קיום דין צפון
י"ל דהיה בזה גם קיום דין צפון.

עַתָּה יָדַעְתִּי כִּי יְרֵא אֱלֹקִים אַתָּה. (בראשית כב, יב)

וכתב רש"י מעתה יש לי להשיב לשטן ולאומות התמהים מה היא חבתי
אצלך יש לי פתחון פה עכשיו שרואין כי ירא אלקים אתה, הרי
דחיבתו של אאע"ה היה ע"י שעמד בנסיונות, ותנן במס' אבות בפ"ה עשרה
נסיונות נתנסה אאע"ה ועמד בכולן להודיע כמה חיבתו של אברהם אבינו,
והנה בהא דכתיב כי ירא אלקים עתה עי' ברבינו יונה באבות שם שכתב דבא
להודיענו כי יראת שמים גדולה מכל המצוות שבתורה שבכל הנסיונות לא
אמר לו כי ירא אלקים אתה חוץ מזו מפני שהיה הנסיון הגדול שבכלם כי
לקח בנו להעלותו לעולה, אמנם ישל"ע דהא לכאורה עיקר המעלה של
אאע"ה הוא מדת האהבה כמו שכתוב מס' סוטה דף ל"א תניא ר"מ אומר

נאמר ירא אלקים באיוב ונאמר ירא אלקים באברהם מה ירא אלקים האמור באברהם מאהבה אף ירא אלקים האמור באיוב מאהבה ואברהם גופיה מנלן דכתיב זרע אברהם אוהבי, ובהמשך הסוגיא שם איתא דתניא רשב"א אומר גדול העושה מאהבה יותר מן העושה מיראה וא"כ העובד מאהבה הוא שבח גדול יותר, וברמב"ם בפ"י מהלכות תשובה ה"ב כתב העובד מאהבה וכו' ואין כל חכם זוכה לה והיא מעלת אברהם אבינו שקרא הקב"ה אוהבי לפי שלא עבד אלא מאהבה וצ"ב.

והנה בתחלת הפרשה כתוב כי ידעתיו למען אשר יצוה את בניו ואת ביתו אחריו ושמרו דרך ה' לעשות צדקה ומשפט וברש"י כתב כי ידעתיו לשון חיבה הרי מבואר דחיבתו של אאע"ה מחמת דיצוה בניו וביתו לשמור דרך ה' ולא הוזכר ענין העמידה בנסיונות וצ"ב.

והנה הא דכתיב ושמרו דרך ה' לעשות צדקה ומשפט כתב בתרגום כתב ושמרו דרך ה', דיטרון ארחן דתקנן קדם ה', והיינו דזהו רצון השי"ת שילכו בדרך צדקה ומשפט כדכתיב כי באלה חפצתי נאם ה', אכן ברמב"ם מבואר בפ"א מהלכות דעות דמצוה ללכת בדרך הבינונית בכל דבר וכדכתיב והלכת בדרכיו כך למדו בפירוש מצוה זו מה הוא נקרא חנון אף אתה היה חנון וכו' ובה"ז דדרכים אלו נקראים דרך ה' והיא שלמדה אברהם אבינו לבניו, ולפי"ד הרמב"ם הא דכתיב ושמרו דרך ה' היינו דרכים אלו שמתנהג בהם השי"ת והם המדות הנכונות והישרות, והם צדקה ומשפט, וכן חותמים מלך אוהב צדקה ומשפט.

והנה יש א' שהולך ומתנהג במדות טובות כיון שהוא מבין בשכלו שהוא דבר נאה להתנהג כן להיות חונן ומרחם אחרים ובעל חסד ולהקדים בשלום כ"א וכו', ואמנם עדיין אי"ז דרך הישר דעיקר ההנהגה במדת טובות הוא מחמת שכ"ה רצון השי"ת שנתנהג כן ונלך בדרכיו יתברך, והעושה כן מחמת שכ"ה רצון השי"ת זהו מעלה האמיתית, והנה היכן ניכר אם הוא בעל מדות מחמת ששכלו מבין כן או מחמת שזהו רצון השי"ת הוא בגוונא דרצון השי"ת להתנהג היפך מדותיו כגון לילחם ברשעים או לאבדם כגון איבוד זרע עמלק מעולל ועד יונק או ז' עממין או להלקות החוטאים וכדו' דאם הוא בעל מדות מחמת טבעו יקשה לו להתנהג בהיפוך מטבעו, אבל אם עושה כן מחמת שזהו רצון השי"ת א"כ כשרצון השי"ת להתנהג במדת הדין והמשפט מתנהג

כן היפך מטבעו, וזהו הא דכתיב כי ידעתיו למען אשר יצוה בניו וביתו אחריו ושמרו דרך ה׳ לעשות צדקה ומשפט והיינו דמחנך וביתו ללכת בדרכי מישרים לא מחמת שכ״ה טוב ונאה רק דזהו רצון השי״ת, וממילא מלמדם לעשות צדקה ומשפט דלפעמים צריך לילך בדרך צדקה ולפעמים בדרך משפט.

והנה אאע״ה הי׳ עמוד החסד כדכתיב חסד לאברהם וכדחזינן בתחלת הפרשה ההכנסת אורחים של אאע״ה וכן מה שמסר נפשו להתפלל על סדום, אכן אח״כ א׳ מהנסיונות היה לשלח בנו ישמעאל וכדכתיב גרש את האמה וגירשו בלא כסף וזהב, וגם בזה כתיב וישכם אברהם בבקר והוא מדת המשפט, ולכאורה מה יאמרו הבריות שאת כולם הוא מקרב ורק בנו הוא מרחק, אלא ביטל את אהבתו לבנו ואת כל החשבונות וגירשו מביתו, וכן נסיון העקידה לעקוד בנו יחידו וזה היה נגד מה שהשריש כל ימי חייו דרצון השי״ת לגמול חסד עם בנ״א, ואעפ״כ ביטל כל החשבונות וכבש את רחמיו לעשות רצונך בלבב שלם וזהו מדת המשפט, דכיון דשמע דזהו רצון השי״ת ביטל את כל כולו לקיום רצון השי״ת, וזהו השלימות של העמידה בנסיונות ונמצא דזה הי׳ ההוכחה שכל מעשיו שעשה הוא רק לעשות רצון השי״ת, ורצון השי״ת להיטיב עם הבריות ולפעמים ללכת ברורך המשפט ואין סתירה ביניהם כמ״ש משפטי ה׳ אמת צדקו יחדיו.

ויש לבאר לפי״ז דהיינו דכתיב כי עתה ידעתי כי ירא אלקים עתה דהעמידה בנסיונות היה מכח שלימות במדת היראה לקיים רצון השי״ת בדקדוק ולא לשנות כי הוא זה, ובזה זכה אאע״ה להעמיד את כלל ישראל, וכן רואים אצל גדולי ישראל שמצד א׳ היו מסורים לחסד לכל יחיד בפרט ולכלל ישראל בכללות באופן נפלא ביותר לעזור ולסייע לכל יחיד, אבל במקום שהי׳ נוגע לכבוד שמים נלחמו בכל כוחם ולא חתו מפני כל כיון דהכל הי׳ לעשות ולקיים רצון השי״ת וללכת בדרכי השי״ת יה״ר שנזכה לילך בדרכי אבות לטוב לנו כל הימים אכי״ר.

פרשת חיי שרה

וַיָּבֹא אַבְרָהָם לִסְפֹּד לְשָׂרָה וְלִבְכֹּתָהּ. (בראשית כג, ב)

ובכלי יקר העיר בזה דהא בכי קודם להספד כדאיתא במו"ק דף כ"ז ע"ב ג' ימים לבכי ז' להספד, אכן נראה פשוט דב' ענינים נינהו דהא דג' ימים לבכי הוא בכי' על המת, והא דכתיב הכא דבא לספוד לשרה ולבכתה הך לבכתה הוא מצד לתא דחיוב הספד, וכדאיתא בשו"ע יו"ד סימן שד"מ דבשעת ההספד מצוה שירים קולו לומר עליו דברים המשברים את הלב כדי להרבות בבכיה וזהו לספד לשרה ולבכתה ופשוט.

גֵּר וְתוֹשָׁב אָנֹכִי עִמָּכֶם וגו'. (בראשית כג, ד)

ובפרש"י אם תרצו הריני גר ואם לאו אהיה תושב ואטלנה מן הדין שא"ל הקב"ה לזרעך אתן את הארץ הזאת, וכבר הקשו בזה האחרונים מהא דכתיב בפ' לך לך והכנעני והפריזי אז יושב בארץ וכתב רש"י דאכתי לא זכה בה אברהם עדיין, וא"כ איך אמר דיכול ליטול אותה מן הדין, וברא"ם כתב דהך דפרשת לך לך דכתיב והכנעני והפריזי אז יושב בארץ דלא זכה בזה אאע"ה עדיין הי' קודם שנולד לו זרע והכא איירי לאחר שנולד לו זרע דבזה נגמר זכייתו בא"י, אכן בס' פרשת דרכים הקשה ע"ז דהא התם כתיב והכנעני והפריזי אז יושב בארץ הרי מבואר דמה שלא נשלם זכיתו בא"י הוא מחמת דהכנעני עדיין הי' יושב שם וכדאיתא כן במד"ר פרשה מ"א אמר להם הקב"ה כך אמרתי לזרעך נתתי אימתי לכשיעקרו שבעה עממין מתוכה, הרי דלא נשלם זכייתו בא"י עד שיעקרו שבעה עממין וא"כ היאך אמר הכא דיכול ליטול אותה מן הדין.

והנה בס' פרשת דרכים דרוש ט' כתב ליישב דלאאע"ה היה קנין הגוף בא"י ולהכנעני הי' רק ק"פ והיינו דקאמר אם תרצו הריני תושב ואטלנה מן

כח שמחת התורה פרשת חיי שרה

הדין היינו דהוא כבר בעלים בקנה״ג, ויעוי׳ במד״ר דאיתא גר דייר תושב מארי דביתא אם רציתם גר ואם לאו מארי דביתא שכך א״ל הקב״ה לזרעך נתתי את הארץ הזאת, הרי דהא דא״ל שהוא תושב היינו דהוא בעלים בא״י וביאור הדברים כנ״ל דכבר זכה בא״י בקנין הגוף, והנה ברש״י הביא קרא דלזרעך אתן את הארץ הזאת דכתיב בריש פרשת לך לך, אכן במדרש מייתי קרא דלזרעך נתתי את הארץ הזאת דכתיב בס״פ לך לך בברית בין הבתרים, וצ״ב הא דלא הביא המדרש הפסוק בתחלת הפרשה, אכן להמבואר ניחא היטב דבקרא דלזרעך אתן עדיין אינו מבואר דכבר זכה בזה אבל מקרא דלזרעך נתתי ילפינן דכבר נשלמה זכייתו בא״י כדאיתא ברש״י שם דאמירתו של הקב״ה כאילו היא עשויה, והיינו דאמר אאע״ה דכבר זכה בא״י מקרא דלזרעך נתתי דמהתם ילפינן דכבר נשלם זכייתו בא״י.

וייש להוסיף בזה דהנה יעוי׳ ברמב״ן בפרשת לך לך שכתב דקודם ברית בין הבתרים עדיין הי׳ מקום שמא יגרום החטא ותתבטל ההבטחה אבל אחר ברית בין הבתרים כבר לא היה שייך שתתבטל המתנה, והיינו הא דהביא אאע״ה קרא דלזרעך נתתי דכתיב בברית בין הבתרים דמזה ילפינן דנתינת א״י היתה נתינה חלוטה ולא שייך שתתבטל.

אמנם עדיין צ״ב דאה״נ הקנה״ג הי׳ לאאע״ה אבל הקנין פירות הרי היה שייך להם וא״כ איך היה יכול ליטול מהם הקרקע הא עתה הוא שלהם בק״פ, ונראה דהדברים מבוארים עפי״מ שכתב הרמב״ם בפכ״ג מהל׳ מכירה שהקונה קרקע לפירות אינו יכול לשנות צורת הקרקע ולא יבנה ולא יהרוס, אבל הקונה גוף הקרקע לזמן יכול גם לשנות עצם הקרקע, הרי דזכות החפירה בגוף הקרקע שייך לבעל הגוף דזה לא נכלל בהק״פ, והיינו דאמר להם אאע״ה דיכול ליטלה מן הדין דהזכות קבורה שייכת לבעל הקרקע בקנה״ג וממילא דיכול ליטול מהם הקרקע בע״כ לצורך קבורה דזה אינו סותר להק״פ דיש להם בהקרקע.

שְׁמָעֵנוּ אֲדֹנִי נְשִׂיא אֱלֹקִים אַתָּה בְּתוֹכֵנוּ בְּמִבְחַר קְבָרֵינוּ קְבֹר אֶת מֵתֶךָ אִישׁ מִמֶּנּוּ אֶת קִבְרוֹ לֹא יִכְלֶה מִמְּךָ מִקְּבֹר מֵתֶךָ. (בראשית כג, ו)

ובמד"ר איתא נשיא אלקים אתה בתוכינו מלך את עלינו נשיא את עלינו, ויש לומר בביאור הדברים דהנה בסנהדרין דף כ׳ איתא לגבי מלך דפורץ לעשות לו דרך ואין ממחה בידו וכו׳ וכל העם בוזזין ונותנין לו והוא נוטל חלק בראש, ובגמ׳ שם איתא ר"י אומר כל האמור בפרשת מלך מלך מותר בו, והנה בפרשת המלך כתיב ואת שדותיכם ואת כרמיכם וזיתיכם הטובים יקח ונתן לעבדיו, ולפי"ז י"ל דהיינו דקאמרו ליה נשיא אלקים אתה בתוכינו, והיינו דאאע"ה הי׳ מלך וכדאיתא ברש"י בפ׳ לך לך שהשוו כל האומות והמליכו את אברהם עליהם לנשיא אלקים ולקצין, ואמרו לו דכיון דמלך הוא יכול ליטול הטוב בעיניו גם בע"כ וא"צ ליטול רשותם כלל, [וכ"נ מד׳ הרמב"ן עיי"ש]

והנה אאע"ה השיב להם שמעוני ופגעו לי בעפרון בן צחר וגו׳ בכסף מלא יתננה לי בתוככם לאחזת קבר, וצ"ב דכיון דכבר אמרו במבחר קברינו וגו׳ איחש ממנו את קברו לא יכלה ממך מ"ט הוצרך לשלוח לבקש נמעפרון. ויש לבאר דהנה התוס׳ בסנהדרין שם הקשו מ"ט נענש אחאב על נבות כיון שלא רצה למכור לו כרמו, ותי׳ בזה דאינו מותר רק בשדות הרחוקים מן העיר דלא מעלי כ"כ אבל כרם נבות הי׳ אצל היכל אחאב בשומרון, ולפי"ז י"ל דהיינו דקאמר להו בכסף מלא יתננה לי בתוככם והיינו דכיון דהוא בתוך העיר א"י ליטלו בע"כ וע"כ מבקש שיתן לו בתורת מקח.

ונראה עוד בזה דהנה יעוי׳ בפי׳ הרמב"ן שכתב ז"ל וטעם ופגעו לי כי היה עפרון עשיר ונכבד וכו׳ ולא יהיה לו לכבוד למכור נחלת אבותיו כענין נבות היזרעאלי עיי"ש, והנה בתוס׳ בסנהדרין כתבו ליישב עוד דמה"ט ל"ה אחאב רשאי ליקח מנבות שדהו בע"כ כיון דהוא אחוזת אבותיו וע"ז ל"ל זכות, ולפי"ז יש לבאר דהיינו דאמר אאע"ה אם יש את נפשכם וגו׳ ופגעו לי בעפרון בן צוחר והיינו דכיון דמערה זו הוא אחוזת אבותיו א"י ליטלנה בע"כ שלא בהסכמתו.

ויש לבאר עוד דהנה אאע״ה אמר להם תנו לי אחזת קבר עמכם, ופרש״י אחוזת קרקע לביה״ק והיינו שלא רצה לקבורה בביה״ק שלהם רק לעשות ביה״ק לעצמו, וע״ז אמרו לו במבחר קברינו קבר את מתיך היינו דיקבור אותה בבית הקברות שלהם במבחר הקברות ולא יעשה בית הקברות בפנ״ע, וע״ז ענה להם אם יש את נפשם לקבר את מתי מלפני וגו׳ שמעוני והיינו דזה לא יעשה בשו״א לקוברה בבית הקברות שלהם דהרי דינא הוא דאין קוברין צדיק אצל רשע ויקברנה רק במקום בפנ״ע וממילא הוצרך לבקשה ע״ז.

הַשָּׂדֶה נָתַתִּי לָךְ וְהַמְּעָרָה אֲשֶׁר בּוֹ לְךָ נְתַתִּיהָ לְעֵינֵי בְנֵי עַמִּי נְתַתִּיהָ לָּךְ קְבֹר מֵתֶךָ. (בראשית כג, יא)

צ״ב הא דכפל דבריו לעיני בני עמי נתתיה לך, עוד צ״ב הא דקאמר השדה נתתי לך ולא קאמר אתן לך ובפרש״י כתב הרי הוא כמו שנתתיה לך וצ״ת.

ויש לבאר עפי״מ שכתב בס׳ קצוה״ח בסימן מ׳ דאודיתא הוי קנין גמור וכל דאומר בלשון הודאה דהשדה הוא שלו דינו דנקנה לו, אכן כ״ז בלשון הודאה אבל אם אומר בלשון התחיבות או דרוצה להקנות לו בזה בעינן מעשה קנין, ולפי״ז י״ל דהיינו דקאמר עפרון דא״צ לעשות מעשה קנין כלל רק דמודה דכבר נתן לו וממילא דהוא כבר שלו בקנין אודיתא, ובזה מבואר הא דכתיב בסיפא דקרא לעיני בן עמי נתתיה לך דהנה כתב בס׳ קצוה״ח הנ״ל דאע״ג דבשאר קנינים לא איברי סהדי אלא לשקרא ועצם הקנין הוא גם בלא עדים מ״מ בקנין אודיתא בעינן עדים לחלות הקנין, והיינו דא״ל לעיני בני עמי נתתיה לך דהוי הודאה בפני עדים דא״צ מעשה קנין כלל, ואפשר דזהו כוונת הרמב״ן שכתב ז״ל וטעם לעיני בני עמי לאמר הנה כל העם הנה והם היודעים ועדים ואל תחוש לכפירה או לחזרה, וקבר מיתך שם מעתה כי שלך הוא ולא אוכל לשוב, ומבואר להדיא דבדיבורו לחוד הי׳ סבור דנקנה לו בלא מעשה קנין והוא כנ״ל כיון דהודאתו היתה בפני עדים.

שמחת התורה

פרשת חיי שרה   לא

והנה, כתב הרמב"ן שם דאאע"ה לא סמך ע"ז כי גם אחרי שפרע הכסף מלא
החזיק תחלה בשדה ובמערה והקימם ברשותו וכו' מבואר דלא סמך
על קנין אודיתא לחוד, ואפשר דחשש להשיטות דאודיתא לחוד אינו מעשה
קנין רק הודאה בלחוד, נמצא דאכתי אינו שלו, ואפשר עוד דס"ל דקנין
אודיתא הוא רק בישראל ולא בעכו"ם [ועי' בקצוה"ח שכתב דמהני קנין
אודיתא במכירת חמץ לגוי וישל"ע]. שו"ר בס' קצוה"ח סימן קצ"ה דמבואר
שם דקנין אודיתא מהני רק מדרבנן וצ"ע.

וַיִּשְׁתַּחוּ אַבְרָהָם לִפְנֵי עַם הָאָרֶץ. (בראשית כג, יב)

ובמד"ר איתא מכאן שמודים על בשורה טובה, והנה להלן אהא דכתיב ויקד
האיש וישתחו לה' איתא במד"ר מכאן שמודים על בשורה טובה
וצ"ב הא כבר יליף לה מהכא, וי"ל דהתם החידוש הוא דאע"ג דעדיין לא
נגמר הדבר דהרי הי' צריך להסכמת אביה ומ"מ כיון שראה שנתקיימו
הסימנים והנחהו השי"ת לבית אחי אדוניו כבר שייך בזה הודאה אע"ג דלא
נגמר הדבר, אכן ברש"י כתב אהא דכתיב בהמשך הפרשה אחר שאמרו לו
הנה רבקה לפניך קח ולך וכתיב ויהי כאשר שמע עבד אברהם את דבריהם
וישתחו ארצה לה', ז"ל מכאן שמודים על בשורה טובה ושם כבר הי' גמר
הדבר ולפי המדרש הרי איכא למילף זאת מהכא וצ"ת, ואפשר די"ל והעירני
לזה חכ"א דהתם החידוש שמודים על בשורה טובה אע"ג דזה נוגע לאחרים
דהרי היה שידוך של יצחק ומ"מ כיון ששמח בזה השתחוה והודה ע"ז.

וַיָּקָם הַשָּׂדֶה וְהַמְּעָרָה אֲשֶׁר בּוֹ לְאַבְרָהָם לַאֲחֻזַּת קָבֶר וגו'.
(בראשית כג, כ)

ובס' חי' הגרי"ז עה"ת כתב בזה דהי' כאן ב' קנינים הא' עצם קנין השדה
והב' הא דקנה אותה להיות בית הקברות ולזה הי' צריך הסכמת כל בני
העיר, [ויעוי' בספר דרכי שלום לאאמו"ר שליט"א שהרחיב ג"כ בזה] והנה

הדברים מבוארים בדברי רבותינו הראשונים דיעוי׳ בפי׳ הרשב״ם עה״ת שכתב כן בהא דכתוב תנו לי אחוזת קבר וכו׳ כי אחוזת קבר אין יכול להיות אלא ברצון כל בני העיר עיי״ש, ובהמשך הפרשה כתב ז״ל לאברהם למקנה קם לאחר נתינת הכסף כדכתיב ונתן הכסף וקם לו אבל לאחוזת קבר מאת בני חת לא הוחזק וגם לאברהם עד שקבר שרה אשתו אז ויקם לאחזת קבר מאת בני חת, והדברים מפורשים כמו״כ בפי׳ הטור עה״ת ז״ל פי׳ אחר שנתן הכסף קמה בידו אבל עדיין לא עשה חזקה להיותה בית הקברות, לכן אמר אח״כ ויקם השדה והמערה אשר בו לאחוזת קבר שאח״כ החזיק לעשותה בית הקברות על כן כתב מאת בני חת אע״פ שלקחה מעפרון בעליו לא היה ראוי לעשותה בית הקברות בלא רשות כל אנשי העיר עכ״ל והן הן הדברים.

וְאַבְרָהָם זָקֵן בָּא בַּיָּמִים וַה׳ בֵּרַךְ אֶת אַבְרָהָם בַּכֹּל.

(בראשית כד, א)

והנה ביומא דף כ״ח ע״ב איתא אברהם אבינו זקן ויושב בישיבה היה שנאמר ואברהם זקן בא בימים, וכתב המהרש״א דהא כבר כתוב לעיל מינה ואדני זקן אע״כ איצטריך האי דרשא דהיה זקן ויושב בישיבה דהיינו זה שקנה חכמה, וצ״ב הא דסמכיה קרא הא דה׳ ברך את אברהם בכל לזה שהיה זקן ויושב בישיבה.

אמנם הוא מבואר עפי״מ דאיתא בתוספתא סוף קדושין ז״ל וכן אתה מוצא באאע״ה שברכו המקום בזקנותו יותר מבנערותו שנאמר ואברהם זקן בא בימים וה׳ ברך את אברהם בכל וכל כך למה מפני שעשה את התורה עד שלא באת, ובס׳ חי׳ מרן רי״ז הלוי ביאר בזה עפי״מ דבברכות דף ל״ה איפלגו ר״י ורשב״י דר״י ס״ל דואספת דגנך היינו שינהוג בהם מדת דרך ארץ ורשב״י ס״ל דאפשר אדם חורש בשעת חרישה וזורע בשעת זריעה תורה מה תהא עליה אלא בזמן שישראל עושין רצונו של מקום מתקיים בהו הפסוק ועמדו זרים ורעו צאנכם, הרי שמי שנוהג כמדתו של רשב״י ומפריש עצמו מכל עניני העולם לעסוק בתורה זוכה לו הקב״ה בעוה״ז כל מה שצריך לו בלא השתדלות כלל, והביא כן מד׳ הרמב״ם בסוף הלכות שו״י שכל איש מכל באי

העולם אשר נדבו רוחו אותו והבינו מדעו להבדל לעמוד לפני ה׳ לשרתו וכו׳ ופרק מעל צוארו עול החשבונות הרבים אשר בקשו בני האדם הרי זה נתקדש קדש קדשים ויהי׳ ה׳ חלקו ונחלתו לעולם ולעולמי עולמים ויזכה לו בעוה״ז דבר המספיק לו עיי״ש, ולפי״ז מבואר היטב סמיכות הכתובים דכתיב ואברהם זקן בא בימים והיינו דהי׳ זקן ויושב בישיבה והיה נוהג כמדתו של רשב״י, וה׳ ברך את אברהם בכל דזכה גם בעוה״ז להיות לו דבר המספיק לו וא״ש.

והנה בהסוגיא בברכות שם מוקי רשב״י קרא דואספת דגנך באין עושין רצונו של מקום, וכבר הקשו בזה המפרשים דהא כתוב בתחלת הפרשה והיה אם שמע תשמעו אל מצותי אשר אנכי מצוה אתכם היום לאהבה את ה׳ אלקיכם ולעבדו בכל לבבכם ובכל נפשכם, ובהגהות היעב״ץ כתב דהכוונה אין עושין רצונו של מקום אינו דאין עושין כלל אלא דאין עוסקין בתורה כדבעי רשב״י שצריך להיות תורתו אומנתו דוקא, דהיינו רצונו של מקום, ובזה ביאר הא דכתיב בהך פרשתא ולעבדו בכל לבבכם וביארו חז״ל דזה קאי על תפלה, והיינו דכיון דאין נוהגין כמדתו של רשב״י מחויבין הם בתפלה, אבל רשב״י וחבריו לא היו מפסיקין מלימודם לתפלה כדאיתא בשבת דף י״א עכת״ד.

ונראה להוסיף בביאור הדברים בהקדם מה שכתב בס׳ מס״י פי״ח ז״ל הנה שורש החסידות הוא מה שאמרו ז״ל אשרי אדם שעמלו בתורה ועושה נחת רוח ליוצרו, והענין כי הנה המצות המוטלות על כל ישראל כבר ידועות הן וחובתן ידועה עד היכן היא מגעת, אמנם מי שאוהב את הבורא יתברך שמו אהבה אמיתית לא ישתדל ויכון לפטור עצמו במה שכבר מפורסם מן החובה אשר על כל ישראל בכלל אלא יקרה לו כמו שיקרה אל בן האוהב את אביו שאילו יגלה אביו את דעתו גלוי מעט שהוא חפץ בדבר מן הדברים כבר ירבה הבן בדבר ההוא ובמעשה ההוא כל מה שיוכל, ואע״פ שלא אמרו אביו אלא פעם אחת ובחצי דיבור הנה די לאותו הבן להבין היכן דעתו של אביו נוטה לעשות לו גם את אשר לו אמר לו בפירוש כיון שיוכל לדון בעצמו שיהיה הדבר ההוא נח״ר לפניו ולא ימתין שיצוהו יותר בפירוש וכו׳, והנה כמקרה הזה יקרה למי שאוהב את בוראו ג״כ אהבה נאמנה וכו׳ ואז לא יאמר די לי במה שאמור בפירוש או אפטור עצמי במה שמוטל עלי עכ״פ, אלא אדרבה יאמר כיון שכבר מצאתי ראיתי שחפצו יתברך נוטה לזה יהיה לי

לעינים להרבות בזה הענין ולהרחיב אותו בכל הצדדין שאוכל לדון שרצונו יתברך חפץ בו וזה הנקרא עושה נח״ר ליוצאו, ויעוי׳ בס׳ קוב״ש ח״ב בקונטרס ד״ס שהאריך ג״כ ביסוד זה שיש דברים שהם צוויים שמחויבים לקיימם, ויש דברים שאינם צווי מפורש אבל זהו רצונו של השי״ת שיעשו כן עיי״ש, וי״ל דזהו הכוונה בגמ׳ דמוקי קרא דואספת דגנך באין עושין רצונו של מקום, דאע״ג דכתוב בהך פרשה והיה אם שמע תשמעו אל מצותי וגו׳ היינו שמקיימים צויו של מקום בשלימות, אבל הא מיהא רצונו של השי״ת שיהיו עמלים בתורה בלא השתדלות בעניני העוה״ז כלל וע״כ קרי להו אין עושין רצונו של מקום.

לֹא תִקַּח אִשָּׁה לִבְנִי מִבְּנוֹת הַכְּנַעֲנִי אֲשֶׁר אָנֹכִי יוֹשֵׁב בְּקִרְבּוֹ. (בראשית כד, ג)

ובשעורי הגרמ״ד זצ״ל הביא בשם מרן הגרי״ז לבאר הא דכתיב אשר אנכי יושב בקרבו דהטעם דהזהירו שלא יקח אשה מבנות כנען הוא מחמת איסורא דלא תתחתן בם, וע״כ אמר אשר אנכי יושב בקרבו דאיסורא דז׳ עממין הוא רק כשהם בא״י אבל כשאינם בא״י ליכא איסור, וכ׳ דכן מוכח מעובדא דגבעונים שבאו ואמרו מארץ רחוקה באנו וקיבלם יהושע ולא חקר ייחוסם שמא מבני ז׳ עממין הם והיינו משום דלא נאמר איסורא דז׳ עממין כי אם בהיותם בארץ עכ״ד, והנה יסוד הך מילתא אי ז׳ אומות שבחו״ל הוו בכלל הלאו דלא תתחתן נראה דנחלקו בזה תנאי דהנה יעוי׳ בסוטה דף דף ל״ה דנחלקו ר״י ור״ש אי הכנענים העומדים חוץ מגבולי א״י איכא בהו לאו דלא תחיה כל נשמה דר״י ס״ל דכולהו איתנייהו בהלאו דלא תחיה ור״ש ס״ל דרק כנענים שבתוכה הוו בכלל הלאו דלא תחיה, ומייתינן הא דתניא ושבית שביו לרבות כנענים שבחו״ל שאם חוזרין בתשובה מקבלין אותם וליכא בהו לאו דלא תחיה ומוקי לה כר״ש, ומבואר דאליבא דר״ש איכא התירא דיפת תואר בכנענים שבחו״ל וצ״ב היאך יכול לנושאה הא איכא בה לאו דלא תתחתן בם, ובהכרח דאליבא דר״ש כמו דלא נאמר בהו קרא דלא תחיה כל נשמה ה״נ לא נאמר בהו לאו דלא תתחתן, ואין לומר דהוא היתר מסוים

פרשת חיי שרה · שמחת התורה · לה

ביפ״ת דהותר בהו לאו דלא תתחתן דהרי מבואר בהסוגיא בקדושין דף כ״א דרק ביאה ראשונה הוא חידוש ביפ״ת אבל בביאה שניה ליכא חידוש, ואם נימא דהותר ביפ״ת לאו דלא תתחתן הא נמצא דגם ביאה שניה הוי חידוש ובהכרח דגם לאו דלא תתחתן ליכא בכנענים שבחו״ל והוא כד׳ מרן זצ״ל, אכן לשיטת ר״י דבכנענים שבחו״ל איכא לאו דלא תחיה לכאורה איכא גם לאו דלא תתחתן, וצ״ב הא דאמר לו אאע״ה אשר אנכי יושב בקרבו, וי״ל עפי״מ שכתב הרמב״ן שהזהיר על אלו שהם בני בריתו וכל שכן על האחרים.

והנה להלן כתוב ואם לא תאבה האשה ללכת אחריך ונקית משבועתי זאת, ובפרש״י כתב וקח לו אשה מבנות ענר אשכל וממרא, וברמב״ן הקשה דהרי ענר אשכל וממרא היו מבנות הכנעני, אכן שיטת רש״י מבוארת דס״ל דכל דיקיים שבועתו וילך למשפחתו ולא ירצו ליתן מותר לו ליקח גם מבנות הכנעני, וכ״ה ברש״י לקמן פסוק ל״ז לא תקח אשה לבני מבנות הכנעני אם לא תלך תחלה אל בית אבי ולא תאבה ללכת אחריך, הרי להדיא דבגוונא דילך ולא נתנו לו רשאי ליקח גם מבנות הכנעני, וכ״ה להדיא ג״כ ברש״י בקדושין דף ס״א ע״ב, אכן הרמב״ן פליג ע״ז וס״ל דבכל גוונא לא הותר לו ליקח מבנות הכנעני, והא דא״ל ונקית משבועתי זאת קאי על השבועה שילך לבית אביו ליקח אשה ליצחק, ולשיטת רש״י יקשה איך התיר לו ליקח מבנות הכנעני אם לא ימצא ממשפחתו והא קיים אאע״ה כה״ת עד שלא ניתנה והא איכא לאו דלא תתחתן.

וי״ל דרש״י אזיל לשיטתו דס״ל בכתובות דף כ״ט דאיסורא דלא תתחתן הוא בגיותן וא״כ הא מדינא יכול לגיירם ויהיו מותרות ליצחק. ונראה די״ל עוד בזה דהנה במגילה דף י״ד איתא דיהושע גייר רחב ונשאה והקשו התוס׳ הא איכא לאו דלא תתחתן ותי׳ דלא הוזהרו בלאו דלא תתחתן עד אחר שעברו את הירדן, ולפי״ז ניחא דאע״ג דקיים אאע״ה כה״ת עד שלא ניתנה היינו דברים דאחר מ״ת נאסרו אבל הכא הרי הי׳ זמן לחלות האיסור דהוא רק אחר שעברו את הירדן וממילא דלא שייך בזה קיום עד שלא ניתנה אלא דלפי״ז צ״ל הא דהזהיר אאע״ה שלא יקח אשה מבנות כנעני אינו מחמת איסורא דלא תתחתן אלא שלא רצה שזרעו ידבק עם בנות הכנעני.

ה׳ אֱלֹקֵי הַשָּׁמַיִם אֲשֶׁר לְקָחַנִי מִבֵּית אָבִי וּמֵאֶרֶץ מוֹלַדְתִּי וַאֲשֶׁר דִּבֶּר לִי וַאֲשֶׁר נִשְׁבַּע לִי לֵאמֹר לְזַרְעֲךָ אֶתֵּן אֶת הָאָרֶץ הַזֹּאת. (בראשית כד, ז)

וברש״י כתב מבית אבי מחרן ומארץ מולדתי מאור כשדים ואשר נשבע לי בין הבתרים, ובפשטות הביאור הוא דהנה בס״פ נח כתיב דאאע״ה יצא מאור כשדים ביחד עם תרח והגיעו לחרן, ואח״כ נצטוה בהציווי של לך לך וכתב רש״י דא״ל הקב״ה דיתרחק עוד מבית אביו וילך לא״י, ולפי״ז הא דכתיב אשר לקחני מבית אבי היינו בזה שיצא מחרן, ומארץ מולדתי היינו מה שיצא תחלה מאור כשדים.

אמנם נראה דיש לבאר עוד בזה עפי״מ שכתבו הדעת זקנים מבעלי התוס׳ בר״פ לך לך דב׳ יציאות היו לאאע״ה חדא בפעם הראשונה כשהיה בן שבעים דיצא מאור כשדים והגיע לא״י וכדכתיב אני ה׳ הוצאתיך מאור כשדים לתת לך את הארץ וגו׳ ואז הי׳ ברית בין הבתרים, ואחר ברית בן הבתרים חזר לחרן ושהה שם חמש שנים ויצא ועל אותה יציאה מהדר קרא ואברהם בן חמש שנים ושבעים שנה, והביאו דכ״ה מבואר בסדר עולם, [וכ״ה בתוס׳ שבת דף י׳ ע״ב בד״ה ושל] ולפי״ז יש לבאר דהא דקאמר אאע״ה אשר לקחני מבית אבי ומארץ מולדתי, דהוא נגד הנך ב׳ יציאות דמבית אבי קאי על היציאה השניה שהי׳ מחרן, וארץ מולדתי קאי על היציאה הראשונה שהיתה מאור כשדים, ואשר דבר לי קאי על היציאה השניה דשם כתוב דא״ל הקב״ה לזרעך אתן את הארץ הזאת, ואשר נשבע לי בהיציאה הראשונה דקאי על ברית בין הבתרים שהיה בזה שבועה.

אמנם עדיין צ״ב הא דתלה הך מילתא שלא ישיב את יצחק לחו״ל בהשבועה על נתינת הארץ, ונראה דבזה שנתן הקב״ה א״י לזרעו של אאע״ה נכלל בזה גם המצוה של ישוב א״י, והיינו דאמר אברהם לאליעזר דהקב״ה שהבטיח לו לזרעך אתן את הארץ הזאת הוא ישלח מלאכו לפניך כדי שלא יצטרך יצחק לצאת מא״י ולבטל בזה מצות ישוב א״י, וכעי״ז איתא בפרשת תולדות גור בארץ הזאת וגו׳ כי לך ולזרעך אתן את כל הארצות האל, והיינו דכיון דניתן לו א״י נכלל בזה שמצווה לישב בה.

פרשת חיי שרה   שמחת התורה   לז

והנה בפסוק ח' איתא ואם לא תאבה האשה ללכת אחריך ונקית משבעתי
זאת רק את בני לא תשב שמה, וברש"י כתב רק מיעוט הוא בני אינו
חוזר אבל יעקב בן בני סופו לחזור, ובשפתי חכמים כתב משום דיצחק היה
עולה תמימה ואין חו"ל כדאי לו, אכן צ"ב דהא נתבאר דאאע"ה תלה איסור
יציאה בהא דהשבועה ליתן א"י הי' לזרעו וא"כ מ"ש יצחק מיעקב בזה, ועוד
צ"ב הא דחזר וכפל רק את בני לא תשב שמה והרי כבר אמר לו השמר לך
פן תשיב את בני שמה.

אכן נראה דהנה ברמב"ם כתב בפ"ה מהלכות מלכים אסור לצאת מא"י
לחו"ל לעולם אלא ללמוד תורה או לישא אשה וכו' ויחזור לארץ וכו'
אבל לשכון בחו"ל אסור וכו', וכתב הכס"מ דגם להנך דברים דהותר לצאת
בעבורם כגון לישא אשה הותר רק אם דעתו לחזור אבל אם אין דעתו לחזור
אסור לצאת גם לצורך נשואין, ואשר לפי"ז י"ל דהיינו הנך ב' מילי דאמר לו
דמעיקרא שאל לו ההשב אשיב את בנך והיינו שישוב לשם בקביעות, וע"ז
אמר לו אאע"ה השמר לך פן תשיב את בני שמה ה' אלקי השמים וגו' והיינו
דכיון דהובטח לו א"י אית לו מצוה בישיבתו בה וממילא אסור לו לצאת
משם בקביעות, אכן אכתי היה יכול לצאת משם לגור שם ויהא דעתו לחזור
וע"ז חזר ואמר לו רק את בני לא תשב שמה והיינו דגם בדרך עראי לא יביאנו
לשם, וזהו טעם מסוים ביצחק כיון דהיה עולה תמימה ונאסר לצאת אפי'
בדרך עראי משום לתא דפסול יוצא, וע"ז רמז לו רק את בני דזהו דין מסוים
ביצחק אבל יעקב עתיד לחזור משום נשואין כיון שדעתו לחזור וא"ש.

<hr>

וְאִם לֹא תֹאבֶה הָאִשָּׁה לָלֶכֶת אַחֲרֶיךָ וְנִקִּיתָ מִשְּׁבֻעָתִי זֹאת.
(בראשית כד, ח)

וכתב רש"י וקח לו אשה מבנות ענר אשכול וממרא, והנה להלן כתוב
כשדיבר אליעזר עם לבן ובתואל אמר להם דאם אינם רוצים יפנה על
ימין או על שמאל, ופרש"י דהיינו דיקח מבנות ישמעאל או מבנות לוט וצ"ב
הא הכא א"ל שאם לא ירצו יקח מבנות ענר אשכול וממרא.

שמחת התורה
פרשת חיי שרה

ונראה דהנה אאע״ה שלחו וא״ל כי אל ארצי ואל מולדתי תלך ולקחת אשה לבני ליצחק, אכן בהמשך כתוב אז תנקה מאלתי כי תבוא אל משפחתי הרי דבהשבועה נכלל ג״כ שילך אל משפחתו, וי״ל דבהשבועה הי׳ תרתי חדא שילך לארצו ולמולדתו ושנית שיקח אשה ממשפחתו, אשר לפי״ז י״ל דס״ל לרש״י דהנך ב׳ מילי לא תליין זב״ז ואם ילך למולדתו ולא ירצו ליתן לו אשה עדיין מחויב ליקח ממשפחתו, ורק אם לא יתנו גם ממשפחתו אז הוא דנפטר מהשבועה, ולפי״ז ניחא הא דאמר להם אליעזר ואם לא הגידו לי ואפנה על ימין או על שמאל דהרי לוט וישמעאל ג״כ היו ממשפחתו של אאע״ה וממילא דעדיין לא נפטר משבועתו ורק אם לא יתנו ממשפחתו אז הוא דילך לענר אשכול וממרא.

והנה הרמב״ן פליג על רש״י וכתב דלא הרשה אותו לקחת לו אשה מבנות כנען אבל שיהיה הוא פטור וה׳ הטוב בעיניו יעשה, ובהמשך דבריו דאברהם הוא היודע ביצחק הצדיק שישמע לאביו ושיזהר בהם וילך לו אל ישמעאל או ללוט ויתר העמים, ומבואר ברמב״ן דזה לא הי׳ נכלל בהשבועה ללכת לבני לוט ולבני ישמעאל, ויש לבאר דהרמב״ן ס״ל דהשבועה היתה רק ללכת לארצו ולמולדתו ואם לא ימצא שם אשה נפטר מהחיוב השבועה, והא דאמר הגידו לי ואפנה על ימין או על שמאל לא הי׳ מחמת לתא דקיום השבועה. והנה לשיטת רש״י נמצא דהא דא״ל ונקית משבעתי זאת קאי על השבועה שלא יקח מבנות כנען, אכן לשיטת הרמב״ן הא דא״ל ונקית משבועתי זאת היינו מהשבועה שילך למשפחתו, וצ״ב מ״ט הוצרך לומר דאם לא תאבה האשה ונקית משבועתי זאת, הא לכאורה פשוט הוא דמאי הו״ל למעבד כיון דהוא אנוס ומ״ש נשואין בע״כ.

אכן הדברים מבוארים במס׳ קדושין דף ס״א אם לא תאבה האשה ל״ל איצטריך סד״א היכא דניחא לה לדידהו ולא ניחא לה לדידה נייתי בע״כ קמ״ל, הרי מבואר דלולא השבועה הי׳ לוקחה גם בע״כ, וע״ז הוצרך להשביעו דלא יקחנה בע״כ, אכן צ״ב דהא תנן האשה נקנית מדעתה ולהלן פסוק נ״ז איתא ויאמרו נקרא לנערה ונשאלה את פיה, ובפרש״י כתב מכאן שאין משיאין את האשה אלא מדעתה, הרי דהוא דין דבעינן דעתה בהנשואין, וא״כ הדרק״ל מ״ט הוצרך לפוטרו משבועתו אם לא תרצה הא אנוס הוא בקיום השבועה.

ונראה פשוט דהנה קיי״ל דאב מקדש את בתו בע״כ וגם בנשואין זכי ליה רחמנא לאב למימסרא לחופה, אכן ביתומה קיי״ל דאין משיאין את היתומה אלא מדעתה, ולפי״ז ניחא דהא דהוצרך אאע״ה לפוטרו מחיוב שבועה אם לא תרצה הוא בגוונא דיש לה אב דבזה מדינא יכול להשיאה בע״כ, וע״כ א״ל דאם לא תרצה לילך פטור הוא מקיום השבועה, אכן הרי מבואר במד״ר דבתואל ביקש לעכב ומת והיתה יתומה, וא״כ בזה צריך דעתה מדינא, והיינו מש״כ רש״י דאין משיאין את האשה אלא מדעתה, ועי׳ במד״ר דאיתא דאין משיאין את היתומה אלא מדעתה והיינו דהוא דין מסוים ביתומה דבעינן דעתה, [אכן אכתי ישל״ע דאכתי מנ״ל דאין משיאין את היתומה אלא מדעתה דלמא שאלוה משום לתא דהשבועה וכנ״ל, אכן באמת מבואר בפרשה דאליעזר לא אמר להם דהשבועה תלי בדעתה ורק תלה הדבר בדעתם עיי״ש, וע״כ דהא דאמרו נקרא לנערה ונשאלה את פיה הוא משום לתא דגוף הנשואין דבעינן דעתה].

וַיִּקַּח הָעֶבֶד עֲשָׂרָה גְמַלִּים מִגְּמַלֵּי אֲדֹנָיו וַיֵּלֶךְ. (בראשית כד, י)

ובפרש״י כתב נכרין היו משאר גמלים שהיו יוצאים זמומין מפני הגזל שלא ירעו בשדות אחרים, ומבואר בד׳ רש״י דמשום לתא דגזל הוא וצ״ב דהא לכאורה אכילת הבהמה איסורו מדין מזיק הוא וצ״ב הא דנקט לה לישנא דגזל, וכעי״ז כתב רש״י ג״כ בפ׳ לך לך שרועי לוט היו מראים בהמתם בשדות אחרים ורועי אברם מוכיחים אותם על הגזל, וגם בזה צ״ב הא מזיק הוא ולא גזילה.

ויש לבאר עפי״מ שכתב הרבינו יונה בריש מסכת אבות דמזיק נכלל באיסורא דגזל, ואשר לפי״ז מבואר בפשיטות הא דכתב רש״י מפני הגזל, דממון המזיק הוי בכלל איסורא דגזילה, והיינו דהוכיחו רועי אברהם את רועי לוט על זה שמרעים בהמותם בשדה אחרים דמזיק בכלל גזל הוא והוי בכלל ז׳ מצוות ב״נ, אכן ישל״ע בזה דמד׳ רבינו יונה מבואר דהא דמזיק בכלל גזלן הוא בכלל תורה שבע״פ שנמסר למשה רבנו ע״ה, וא״כ באיסור גזילה שנאמרה לב״נ לא נכלל בזה דין מזיק, ועוד דבעיקרא דמילתא דמזיק בכלל

איסורא דגזילה נראה מד׳ הרמב״ן דפליג דיעוי׳ בפי׳ עה״ת בפ׳ וישלח שכתב דדיני נזיקין איכללו בדינין שנצטוו ע״ז ב״נ, ונראה מזה דס״ל דמזיק אינו בכלל איסור גזל דאי הוי בכלל גזל ל״ה צריך לכלול זה בכלל דינין ולפי״ז עדיין יקשה הא דקרי לה הכא גזילה וצ״ת.

ונראה בזה עפי״מ דמבואר בב״ק דף כ׳ דשן ברה״ר אע״ג דפטור מדין מזיק חייב לשלם מה שנהנית, והנה ביסוד חיובא דנהנה יעוי׳ בס׳ ברכ״ש עמ״ס ב״ק סימן י״ד שהביא בשם רבנו הגר״ח זצ״ל דנהנה הוא מלוה הכתובה בתורה ומשום לתא דגזל הוא, דאם אינו משלם על ההנאה הוי גזלן על ההנאה, ולפי״ז מבואר היטב הא דכתב רש״י מפני הגזל דאיכא בזה משום לתא דאיסור גזל, כיון דבהיזק של שן נכלל נמי הנאה של הבעלים דחיובו מדין גזילה.

הִנֵּה אָנֹכִי נִצָּב עַל עֵין הַמָּיִם וגו׳. (בראשית כד, יג)

הנה ברמב״ם בפי״א מהל׳ ע״ז ה״ד כתב ז״ל וכן המשים לעצמו סימנים אם יארע לי כו״כ אעשה דבר פלוני ואם לא יארע לא אעשה כאליעזר עבד אברהם וכל כיוצא בדברים האלו הכל אסור וכל העושה מעשה מפני דבר מדברים אלו לוקה, ומבואר ברמב״ם דהנחש שעשה אליעזר הוא בכלל לא תנחשו שאסרה תורה, אמנם הראב״ד השיג ע״ז דד״ז מותר ומותר הוא ולא אסרה התורה נחש בכה״ג, ובכס״מ ביאר בשם הר״ן דאיסור נחש הוא במידי דאינו ראוי לסמוך עליו אבל הכא אם תאמר לו אשקה וגם גמליך אשקה הוא סימן שהיא נאה במעשיה ושלמה במדותיה וראויה היא ליצחק עכ״ד וצ״ב ד׳ הרמב״ם בזה.

ונראה דיש לבאר עפי״מ דאיתא במס׳ תענית דף ד׳ שלשה ששאלו שלא כהוגן ואחד מהם אליעזר עבד אברהם דכתיב והיה הנערה אשר אמר אליה הטי נא כדך וגו׳ יכול אפילו חגרת אפי׳ סומא השיבו לו כהוגן ונזדמנה לו רבקה, ולפי״ז י״ל בד׳ הרמב״ם דאה״נ לגבי זה דראויה במעשיה שפיר היה זה בתורת הוכחה, אבל לענין זה אם היא בע״מ הי׳ זה בתורת נחש

פרשת חיי שרה   **שמחת התורה**   מא

דאותה שתאמר אשקה וגם לגמליך אשקה לא תהא בע"מ, והיינו מש"כ
הרמב"ם דהי' זה בכלל נחש דנאסר לאחר מ"ת.

וְהָיָה הַנַּעֲרָה אֲשֶׁר אֹמַר אֵלֶיהָ הַטִּי נָא כַדֵּךְ וְאֶשְׁתֶּה
וְאָמְרָה שְׁתֵה וְגַם גְּמַלֶּיךָ אַשְׁקֶה אֹתָהּ הֹכַחְתָּ לְעַבְדְּךָ
לְיִצְחָק וּבָהּ אֵדַע כִּי עָשִׂיתָ חֶסֶד עִם אֲדֹנִי. (בראשית כד, יד)

ופרש"י אתה הכחת ראויה היא לו שתהא גומלת חסדים וכו' ובה אדע לשון
תחנה הודע לי בה כי עשית חסד אם תהיה ממשפחתו והוגנת לו
אדע כי עשית חסד, ונראה לבאר דהנה לעיל כתיב כי אל ארצי ואל מולדתי
תלך ולקחת אשה לבני ליצחק, ובס' בית הלוי כתב דהא דקאמר ליה לבני
ליצחק משום דנכלל בזה תרתי חדא שתהא ראויה ליצחק ושנית שתהא ראויה
להיות כלתו של אאע"ה עיי"ש, וי"ל דהך סימן שעשה אם היא גמ"ח היתה
הוכחה שראויה ליצחק, אבל הא דהיתה צריכה להיות ממשפחתו של אאע"ה
הוא מחמת לתא דאאע"ה דרצה שתהא ממשפחתו, וי"ל דהיינו הנך ב' מילי
המבוארים בפסוק דאתה שתאמר שתה וגם גמליך אשקה אתה הכחת לעבדך
ליצחק דבזה מבורר דראויה ליצחק, ובה אדע כי עשית חסד עם אדני והיינו
מה שהתפלל שתהא ממשפחתו דזהו חסד עם אאע"ה, וי"ל דהא דקריה חסד
דמה שתהיה ממשפחתו הוא מעלה בהשידוך, אבל מה שתהא ראויה ליצחק
זהו גוף השידוך ולא בגדר מעלה, ובזה מבואר הא דכתיב בפסוק ולקחת אשה
לבני ממשפחתי ומבית אבי ובבית הלוי עמד בזה מ"ט לא הזכיר שם לבני
ליצחק עיי"ש, ולהמבואר ניחא היטב דבא לומר זה שצריכה להיות ממשפחתו
הוא מחמת לתא דאאע"ה והיינו דקאמר ולקחת אשה לבני ממשפחתי ומבית
אבי דזהו מחמת לתא דאאע"ה.

והנה בפסוקים מבואר דאחר שגמרה להשקות את הגמלים נתן לה הנזם זהב
והצמידים ואח"כ שאלה בת מי את ואחר שאמרה לו שהיא בת בתואל
כתיב דהשתחוה ובירך להשי"ת, ובחי' הגרי"ז עה"ת העיר מ"ט נתן הצמידים
מיד ואת ההודאה נתן רק אחר ששאלה בת מי את, אכן להמבואר ניחא היטב
דמה שהתנה הי' רק בזה דתשקה לו ולגמליו וכל דהסימן נתקיים נתברר

מב שמחת התורה פרשת חיי שרה

שהיא ראויה ליצחק וזה הי' התנאי המעכב, וע"כ מיד אחר שגמרה להשקות
את הגמלים נתן לה הנזם זהב והצמידים, אכן אח"כ רצה לברר אם נתקיים
גם זה דהיא ממשפחת אברהם דזה הי' בתורת חסד ומעלה בהשידוך וע"כ
שאלה בת מי את ואחר שהשיבה בת בתואל אנכי אז השתחוה והודה להשי"ת
ואמר ברוך ה' אשר לא עזב חסדו ואמתו מעם אדני אנכי בדרך נחני ה' בית
אחי אדני, והיינו דנתקיים גם זה דהיא ממשפחת אברהם דהוא בגדר חסד
וכנ"ל וכש"נ.

וַיִּקַּח הָאִישׁ נֶזֶם זָהָב בֶּקַע מִשְׁקָלוֹ וּשְׁנֵי צְמִידִים עַל יָדֶיהָ עֲשָׂרָה זָהָב מִשְׁקָלָם. (בראשית כד, כב)

הנה בס' משך חכמה כתב דנתן לה הנזם והצמידים בתורת קדושין, וכ"ה
להדיא במדרש הגדול שנתן לה בתורת קדושין, ובזה יש לבאר הא
דכתוב המשקל של הנזם והצמידים דהא קיי"ל שיראי צריכי שומא וממילא
אמר לה השיעור המדויק של כ"א, אכן צ"ב הא כיון דהיתה קטנה שיש לה
אב היאך קידשה בלא דעת אביה.

וי"ל בזה דהנה יעוי' בשו"ע סימן ל"ז סי"א דקטנה שנתקדשה שלא לדעת
אביה ונתרצה האב כששמע י"א דהוי קדושין, אבל אם לא נתרצה ל"ה
קדושין, והיינו דכל שנתרצה איגלאי מילתא דהוי זכות עבורו ומהני מדין זכיה,
ולפי"ז י"ל דאליעזר סבר כהנך שיטות וע"כ שפיר נתן לה הנזם בתורת קדושין
ואח"כ כשנתרצה חלו הקדושין למפרע.

וַיְהִי כִּרְאֹת אֶת הַנֶּזֶם וְאֶת הַצְּמִדִים וְגו' וַיֹּאמֶר בּוֹא בְּרוּךְ ה'. (בראשית כד, ל-לא)

ובמד"ר איתא כנען הוא אליעזר וע"י ששרת אותו צדיק באמונה יצא
מכלל ארור לכלל ברוך, ונראה לבאר בזה דהנה יעוי' בס'

מהרי״ל דיסקין עה״ת שנתקשה איך נעשה אליעזר שליח לקדש את רבקה ליצחק והא אין עבד נעשה שליח לקדושין, ותי׳ דאאע״ה שיחררו על תנאי שאם יקדש אשה ישתחרר, ואשר לפי״ז מבואר היטב דכיון דראה את הנזם ואת הצמידים שקיבלה בתורת קדושין ממילא מוכרח מזה שנשתחרר דאל״כ ל״ה יכול לקדשה, והיינו דקאמר בא ברוך ה׳ שע״י השיחרור יצא מכלל ארור לכלל ברוך.

והנה ברש״י להלן פסוק י״ט כתב שבת הי׳ לאליעזר והיה מחזר להשיאה ליצחק אמר לו אברהם בני ברוך ואתה ארור ואין ארור מדבק בברוך, וישל״ע לפי״ד המהרי״ל ששחררו א״כ הרי יצא מכלל ארור לכלל ברוך ושוב ראויה בתו ליצחק, וצ״ב הא דקאמר בסוף הפרשה ואם לא אגידו לי ואפנה על ימין או על שמאל, והא כיון דיצא מכלל ארור הא שוב ראויה בתו ליצחק, וראיתי מתרצים דאה״נ אליעזר עצמו יצא מכלל ארור אבל בתו נשארה בכלל ארור שהרי נולדה קודם השיחרור, וא״כ החסרון מצד הבת עצמה דאינה ראויה ליצחק, וי״ל עוד דהרי הא דנשתחרר הוא רק אם יתקיימו הקדושין אבל אם לא יסכימו לזה הא נמצא דלא חלו הקדושין ולא נשתחרר, וממילא דגם אליעזר עצמו נשאר בכלל ארור, והיינו דקאמר ואם לא אגידו לי ואפנה על ימין או על שמאל, והיינו דאם ימאנו בהשידוך הרי לא חלה השיחרור והדר מילתא דאין בתו ראויה לאאע״ה מה״ט דאיהו ארור.

והנה בחי׳ המהרי״ל דיסקין הקשה עוד דאיך היה שרי לשחררו הא איתא בברכות דף מ״ז ע״ב דהמשחרר עבדו עובר בעשה, ותי׳ דלצורך מצות פ״ו שרי כדאיתא בגיטין דף מ״א לגבי חציו עבד וחציו ב״ח שכופין את רבו לשחררו כדי שיוכל לקיים מצות פ״ו, וה״נ גבי אברהם דכוותה נדחה מ״ע דלעולם בהם תעבודו מפני חיוב מ״ע דפ״ו דיצחק עכת״ד.

ונראה ליישב עוד דהנה בפרקי דר״א פרק ט״ז איתא ז״ל דכיון שגמל אליעזר חסד עם אברהם הוציאו לחירות, ויש לבאר עפי״מ שכתבו הראשונים בגיטין דהאיסור לשחררו הוא כמו איסור לא תחנם דהוא רק במשחררו בחנם, ובמ״מ בפ״ט מהלכות עבדים ה״ו הו״ד בקצוה״ח סימן קפ״ב שכתב דכל שעשה העבד טובה להאדון שהוא חייב לו על גמולו הרי הוא כמוכרו לו, ומה שאסרה תורה לשחרר עבדים בלא גמילות טובה אלא

ברצון הלב, ולפי״ז ניחא דשיחררו מחמת טובה שעשה עמו ובזה ליכא האיסור לשחררו.

ב

והנה בסוף הפרשה כתיב וישלחו את רבקה ויאמרו לה וגו׳ ובתוס׳ בכתובות דף ז׳ ע״ב כתבו דזה הי׳ ברכת ארוסין וכ״ה בבהגר״א בשו״ע סימן ל״ד סקי״א וצ״ב להמבואר דנתן לה הנזם והצמידים בתורת קדושין א״כ מ״ט לא בירך ברכת ארוסין בשעת קדושין ורק בשעה ששלחוה הוא דבירך, וגם צ״ב דהא לא הוזכר בקרא דוישלחו את רבקה קדושין כלל וצ״ב.

אכן נראה דהנה בשו״ע אבהע״ז סימן ל״ד ס״ג דאם לא בירך ברכת ארוסין בשעה שקידש לא יברך בשעת נשואין, אכן ברמ״א כתב די״א שמברכין בשעת נשואין וכן נוהגין אפי׳ קידש אשה מזמן ארוך מברכין ברכת ארוסין תחת החופה, ואשר לפי״ז י״ל דבשעת הקדושין ל״ה יכול לברך דשמא לא יתרצה האב ותהא ברכתו לבטלה, וע״כ בירך ברכת ארוסין בשעת נשואין וכדברי הרמ״א הנ״ל דאם לא בירך בשעת ארוסין מברך בשעת נשואין, וע״כ בירכו בשעת השילוחין דזה אית בה תורת נשואין דהשילוח מבית אביה לבית בעלה הוי נשואין.

אכן אכתי ישל״ע בזה דהנה יעוי׳ בשו״ע שם סימן ל״ז דלהנך שיטות דאם קידש שלא בפני האב ואח״כ נתרצה האב חלו הקדושין הוי הדין דחלות הקדושין הוא משעת שמיעה, ולפי״ז הרי יקשה מ״ט לא בירך אליעזר בשעת שמיעה וריצוי האב דאז חלו הקדושין, אכן יעוי׳ בב״ש שם בסקי״ח דהביא שיטת הר״ן והרא״ש דכל דנתרצה האב חלין הקדושין למפרע דהוי כאילו אמר לה צאי וקבלי קדושייך או מדין זכין, ואשר לפי״ז י״ל דאליעזר חשש להנך שיטות דאי נתרצה חל הקדושין למפרע נמצא דאחר שנתרצו להקדושין כבר חלו הקדושין למפרע וע״כ ל״ה יכול לברך ברכת ארוסין דבשעת הנתינה הי׳ ספק ובשעת שמיעה הא חל למפרע ואי״ז שעת קדושין, וע״כ בירך בשעת נשואין וכדברי הרמ״א שהבאנו וא״ש.

וָאָבֹא הַיּוֹם אֶל הָעָיִן וָאֹמַר ה׳ אֱלֹקֵי אֲדֹנִי אַבְרָהָם אִם יֶשְׁךָ נָּא מַצְלִיחַ דַּרְכִּי אֲשֶׁר אָנֹכִי הֹלֵךְ עָלֶיהָ. (בראשית כד, מב)

וברש״י כתב אר״א יפה שיחתן של עבדי אבות לפני המקום מתורתן של בנים שהרי פרשה של אליעזר כפולה בתורה והרבה גופי תורה לא ניתנו אלא ברמיזה, וצ״ב יסוד ד״ז דמ״ט חביב לפני המקום שיחתן של עבדי אבות יותר מגופי תורה שניתנו רק ברמיזה.

והנה בעיקר הפרשה יש להתבונן בכמה דברים א׳ הנה אליעזר בא לעת ערב והתפלל הקרה נא לפני היום ועי׳ ס׳ חי׳ מרן רי״ז הלוי שכתב לבאר הא דמבואר דכל מעשיה של רבקה הי׳ במהירות ובזריזות נפלאה דכיון דהתפלל הקרה נא לפני היום והוא הגיע לעת ערב בלא זה שהיו כל מעשיה במהירות ובזריזות לא הי׳ יכול להגמר בו ביום, וביאר לפי״ז ג״כ הא דכתיב ויהי הוא טרם כלה לדבר ורבקה יוצאת דבל״ז לא הי׳ יכול הדבר להגמר בו ביום, וצ״ב היאך התפלל על דבר כזה, ועוד צ״ב בהמשך הפסוקים דמיד כשכילו הגמלים לשתות נתן לה נזם זהב עוד קודם ששאלה בת מי את, ועי׳ רש״י בהמשך הפרשה ששינה סדר הדברים שלא יתפשוהו בדבריו ויאמרו היאך נתת לה ועדיין אינך יודע מי היא וצ״ב דא״כ מ״ט עשה כך, והנה כתיב אחר שאמרה לו בת בתואל אנכי ויקד האיש וישתחוה לה׳ ויאמר ברוך ה׳ אלקי אדני אברהם וגו׳ והנה להלן אחר שאמרו לבן ובתואל מה׳ יצא הדבר כתיב וישתחו ארצה לה׳ וכתב רש״י מכאן שמודים על בשורה טובה והיינו דרק אז נשלם הדבר, וצ״ב דא״כ מ״ט בירך מיד בשם ומלכות קודם גמר השידוך, ועוד העיר אאמו״ר שליט״א בס׳ דרכי שלום מהא דכתב הרמב״ם בפיה״מ במסכת ברכות דאין מברכים על טובה העתידה לבא רק על טובה קיימת והיאך בירך קודם שנתברר לו הטובה.

אכן יסוד הפרשה מבואר בדברי המדרש דקדריש על אליעזר קרא דמי בכם ירא ה׳ שומע בקול עבדו אשר הלך חשכים ואין נוגה לה׳ יבטח בה׳ וישען באלקיו, והיינו דאליעזר הלך עם מדת הבטחון והי׳ שלם כ״כ במדת הבטחון שלא הי׳ נצרך לשום השתדלות כלל, וכמו שביאר בס׳ בית הלוי בפרשת מקץ דשיעור ההשתדלות הוא כפי מדת הבטחון של האדם, ומה שהוא שלם יותר במדת הבטחון צריך פחות השתדלות ואליעזר עבד אברהם הי׳ שלם

כ״כ במדת הבטחון שלא הי׳ נצרך לשום השתדלות כלל, ועי׳ בבית הלוי דמי שמרבה בהשתדלות עונשו שמן השמים יוסיפו על הצטרכותו להשתדלות ולא יזומן לו פרנסתו רק ע״י יגיעת בשר, וכמו שכתב בס׳ חוה״ל בריש שער הבטחון דמי שבוטח בזולת השי״ת יסיר הקב״ה השגחתו מעליו ומניח אותו ביד מי שבטח עליו, ועל כן כיון שהיה בטחונו כ״כ חזק הי׳ בטוח דאין מעצור ביד השי״ת להביא לו הזיוג תכף ומיד וע״כ התפלל הקרה נא לפני היום בלא עיכוב כלל.

וכיון שראה אליעזר שנתקבלה תפלתו הי׳ בטוח שהיא היא האשה הראויה ליצחק ומכח בטחונו נתן לה הצמידים עוד קודם ששאלה, והא דלא אמר זאת ללבן ובתואל הוא משום דלא יאמינו שיש כזה דרגה של בטחון, והנה הרא״ש בפ״ק דמס׳ תענית ס״ו הקשה בהא דאיתא שם דאם היה מתענה על החולה ונתרפא או על הצער ועברה ה״ז מתענה ומשלים והקשה הרא״ש מהא דאיתא דאם נתענו על הגשמים וירדו גשמים מפסיקין, ותי׳ בשם הראב״ד דשאני גשמים דכיון שירדו גשמים שוב א״צ בזה הפעם אבל בצרה אחרת צריך רחמים שלא יחזור, אכן הרא״ש כתב דאינו טעם מספיק דבגשמים נמי אפילו לא ירד להם כל צרכן אוכלין ושותין ושמחים ואומרים הלל, לפי שנתקבלה תפלתם ובוטחים בבורא שירד להם כל הצורך עכ״ד, הרי דכיון דרואים דנתקבלה התפלה כבר אפשר לשמוח ולהודות ולברך להשי״ת אע״ג דלא הי׳ גמר הישועה עדיין, והיינו דכתיב גבי אליעזר דכיון דראה שנתקבלה תפלתו אע״ג דלא היה גמר הישועה עדיין אבל כבר היה יכול לברך מתוך גודל בטחונו, וזהו דכתיב ויקד האיש וישתחו לה׳ ויאמר ברוך ה׳ דכבר היה יכול לברך ולהודות להשי״ת על שהזמין לו הזיווג הנכון, ולפי״ז הא דכתב הרמב״ם בפיה״מ דאין מברכין על טובה העתידה לבא י״ל בתרי אנפי או בא׳ שאינו בגודל בטחון זה, או דרק אם התחיל הישועה הוא דיכול לברך משא״כ אם לא ראה התחלת הישועה עדיין א״י לברך והרמב״ם איירי באופן שאינו רואה עדיין תחלת הישועה.

והנה בארחות חיים להרא״ש סכ״ו כתב לבטוח בה׳ בכל לבבך ולהאמין בהשגחתו הפרטית ובזה תקיים בלבבך היחוד השלם בהאמין בו כי עיניו משוטטות בכל הארץ ועיניו על כל דרכי איש ובוחן לב וחוקר כליות וכו׳ כי זהו סגולת ישראל על כל העמים, וזה יסוד כל התורה כולה, הרי דיסוד

כל התורה הוא האמונה בהשגחה פרטית, וכבר כתב החזון איש דבטחון הוא הלמעשה היוצא מתוך האמונה בהשגחה פרטית, והנה כתב הרמב״ם בפיה״מ בסוף מסכת ברכות דיקר בעיניו ללמד עיקר מעיקרי האמונה יותר מכל אשר אלמדהו וזהו יפה שיחתן של עבדי אבות מתורתן של בנים דבאה התורה ללמדנו איך לחיות ע״פ אמונה ובהשגחה פרטית, וכבר אמרו במכות בא חבקוק והעמידן על אחת וצדיק באמונתו יחיה.

ונסיים בדבריו הקדושים של רבינו הח״ח ז״ל ובפרט כשמתחזק האדם במדת הבטחון בודאי באה ברכה לתוך ביתו וכדכתיב ברוך הגבר אשר יבטח בה׳, וע״כ כעת כאשר מתרבה כמה עניני מצוקות בעולם אשר כמעט אין לנו שום מקור לפרנסה ע״פ דרך הטבע אין לנו רק לחסות בשם ה׳ והיפלא מה׳ דבר להושיענו, ובודאי ע״י שנחסה בו ישלח לנו ברכתו ממעון קדשו עיי״ש בדבריו הקדושים אשר הם קילורין לעיניים, ואמרו חז״ל בעקבתא דמשיחא אין לנו על מי להשען אלא על אבינו שבשמים והשי״ת ישלח לנו עזרתו מקודש אכי״ר.

וַיֹּאמֶר אֲלֵהֶם אַל תְּאַחֲרוּ אֹתִי וַה׳ הִצְלִיחַ דַּרְכִּי.

(בראשית כד, נו)

צ״ב הא תנן במס׳ כתובות דף נ״ז נותנין לבתולה י״ב חודש לפרנס את עצמה, ובגמ׳ שם יליף מהא דאמר לבן תשב אתנו הנערה ימים או עשור, וצ״ב לפי״ז הא דאמר אליעזר אל תאחרו אותי דהא אה״נ מזה שה׳ הצליח דרכו איכא הוכחה שראויה לו אבל הא מיהא איכא דינא דנותנין לבתולה יב״ח לפרנס עצמה.

אכן נראה פשוט דאליעזר אמר דמהא דהי׳ לו קפיצת הדרך ובא באותו היום וגם דסיבב הקב״ה שיהא נגמר הכל באותו יום [וכדביאר בזה בס׳ חי׳ מרן רי״ז הלוי] ממילא מוכרח מזה דרצונו של הקב״ה שיגמר הדבר מיד ותבא לבית אברהם, והיינו דקאמר אל תאחרו אתי וה׳ הצליח דרכי, דמזה שהצליח הקב״ה דרכו מוכרח דרצון השי״ת שיגמר הדבר מיד, ושו״ר בפרקי דר״א פרק

פרשת חיי שרה   שמחת התורה   מח

ט"ז דאיתא השכים בבקר וראה המלאך עומד וממתין לו בחוץ, אמר להם אל
תאחרו אותי וה' הצליח דרכי הרי הוא בחוץ ממתין לי ומבואר בפשיטות.

וַיֹּאמְרוּ נִקְרָא לַנַּעֲרָה וְנִשְׁאֲלָה אֶת פִּיהָ. וַיִּקְרְאוּ לְרִבְקָה
וַיֹּאמְרוּ אֵלֶיהָ הֲתֵלְכִי עִם הָאִישׁ הַזֶּה וַתֹּאמֶר אֵלֵךְ.
(בראשית כד, נז-נח)

ובפרש"י כתב ותאמר אלך מעצמי אף אם אינכם רוצים וכ"ה במד"ר אלך
בעל כרחכם שלא בטובתכם, וצל"ע בזה דאה"נ בעינן דעתה
להנשואין וכדאיתא ביבמות דף ק"ז דהשיאוה שלא לדעתה א"צ למאן, אכן
לכאורה הרי דעתה לחוד בלא דעתם נמי לא מהני וכדאיתא בשו"ע סימן קנ"ה
ס"ב ז"ל וי"א דכ"ז כשנישאת לדעת אחיה ואמה אבל אם נישאת שלא לדעתן
א"צ למאן, וי"א דאם הגיעה לעונת הפעוטות צריכה למאן, והנה לא מבעיא
לשיטה קמייתא הרי לעולם צריך גם לדעתן של אחיה ואמה, אכן גם אם נימא
דס"ל כהשיטות דא"צ דעתן מ"מ הא כ"ז בהגיעה לעונת הפעוטות והכא הרי
רבקה היתה בת ג' שנים כדאיתא בסדר עולם ועדיין לא הגיעה לעונת
הפעוטות, וא"כ הא אינה יכולה לינשא בעל כרחם.

וי"ל בזה דהנה כתב הרמב"ם בפ"ד מהל' אישות הלכה ז' ז"ל אבל גדול
שקידש את הקטנה היתומה או קטנה שיצאת מרשות אב אם היתה
פחותה מבת שש אע"פ שהיא נבונת לחש ביותר ומכרת ומבחנת אין כאן שם
קידושין ואינה צריכה למאן, ובהגהות הרמ"ך השיג על הרמב"ם וכתב דאם
היא נבונת לחש ביותר מהני הקדושין גם בפחות מעונת הפעוטות ולא אמרו
עונת הפעוטות רק בסתמא, ועי' בכס"מ דנראה מדבריו דגם הרמב"ם מודה
לזה עיי"ש, ולפי"ז ניחא די"ל דרבקה אמנו ע"ה סברה כשיטת הרמ"ך הנ"ל
דהיכא דנבונת לחש ביותר מתקדשת גם בפחות מעונת הפעוטות, וגם סברה
כהי"א דא"צ דעתם של אחיה ואמה והיינו דאמרה אלך בע"כ שלא בטובתם
דא"צ דעתם כלל וא"ש.

ויל"ל עוד בזה דהנה בשו"ת הרא"ש כתב דהא דגדלות תליא בשנים הוא מהלממ"ס דשיעורין הללמ"ס אבל בב"נ לא תליא הגדלות בשנים רק בזה שהגיע לכלל דעת וא"כ נמצא דרבקה שהיתה נבונה ביותר כבר חל בה דין גדולה, ולפי"ז ניחא בפשיטות דהא דיתומה בעינן דעת אביה ואחיה הוא רק בקטנה ולא בגדולה והיינו דאמרה להם אלך בעל כרחכם שלא בטובתכם דכבר אית לה דין גדולה וממילא דנשואין דידה לא תלי בדעתם כלל ואינם יכולים לעכב.

וַיְבָרְכוּ אֶת רִבְקָה וַיֹּאמְרוּ לָהּ וגו'. (בראשית כד, ס)

והנה במס' כלה איתא מנין לברכת חתנים מה"ת שנאמר ויברכו את רבקה, ובתוס' בכתובות דף ז' ע"ב כתבו דקרא איירי בברכת ארוסין ויש ללמוד משם דיש לברך ברכת ארוסין לאשה המתקדשת ע"י שליח דהרי אליעזר שליח היה עכ"ד, ומשמע מד' התוס' דיש בזה חידוש מסוים בברכת ארוסין דיש לברך באשה המקדשת ע"י שליח, וישל"ע בזה דהנה ברמב"ם בפי"א מהל' ברכות מבואר דבכל ברכת המצוות הוא כן שהשליח מברך, וא"כ מה החידוש בברכת ארוסים דמברכין גם במתקדשת ע"י שליח, ונראה דאה"נ בברכת המצוות פשוט הוא דהשליח מברך דבברכת המצוות הברכה הוא על מעשה המצוה, אכן בברכת ארוסין הוא דהוצרכו התוס' לחדש דמברכין גם כשמקדשין ע"י שליח, דהתוס' אזלי לשיטתם שכתבו בפסחים ד"ז דברכת ארוסין הוי ברכת השבח ובזה ס"ד דהברכה שייכא רק להמקדש עצמו וזהו החידוש דגם במתקדשת ע"י שליח איכא ברכת ארוסין.

אמנם ישל"ע דהא בקרא דויברכו את רבקה מבואר דאחיה ואמה ברכו ברכה זו, וישל"ע מ"ט לא בירך אליעזר עצמו דהוא הי' המקדש, והנה ברמב"ם בפ"ג מהל' אישות כ' דהמקדש אשה בין ע"י עצמו בין ע"י שליח צריך לברך קודם הקדושין או הוא או שלוחו כדרך שמברכין על כל המצוות ואח"כ מקדש, ובהגהות מימוניות כ' דכך נוהגין בארץ המערב אבל במלכיות אלו אין המקדש מברך אלא אחר, ולפיכך נהגו שאין מברכין אלא אחר ארוסין, ובביאור פלוגתתם נראה דהנה יעוי' בתוס' בפסחים ד"ז שכתבו דא"צ לברך

שמחת התורה
פרשת חיי שרה

עובר לעשייתו אלא במקום שהעושה המצוה הוא מברך אבל כשמברך אחר
לא ותדע שהרי ברכת ארוסין אין מברך אלא אחר ארוסין, והיינו דבברכת
המצוות דחובת הברכה על זה שעושה המצוה איכא דינא דהברכה עובר
לעשייתן אבל בברכת השבח אין המצוה מוטל בדוקא על עושה המצוה, וע"כ
ליכא נמי דינא דעובר לעשייתן, והן הן ד' הגהות מימוניות שכתב דנהגו דאחר
מברך זו וע"כ מברך אחר הקדושין והיינו דהטעם דמברך אחר משום דהוא
ברכת השבת וע"כ אפשר לברך גם אחרי הארוסין דבברכת השבח ליכא דין
עובר לעשייתן, אכן הרמב"ם ס"ל דברכת ארוסין הוא ברכת המצוות וכמש"כ
להדיא דמברך כדרך שמברכין על כל המצוות, וע"כ איכא דינא דהשליח הוא
המברך וצריך לברך קודם לעשייתן, ולפי"ד ההגהות מימוניות הנ"ל מבואר
היטב הא דלא בירך אליעזר ברכה זו אע"ג דהוא הי' השליח דכיון דברכת
ארוסין הוי ברכת השבח אין חובת הברכה מוטלת על המקדש, אכן לשיטת
הרמב"ם צ"ב מ"ט לא בירכה אליעזר בעצמו דאיהו היה השליח.

אכן נראה דהרמב"ם מפרש דהא דאיתא במס' כלה דהך ברכה דויברכו היה
ברכת חתנים היינו דהיה ברכת נשואין, וכ"ה בשטמ"ק בכתובות דף ז',
ומה שהקשו התוס' דהא בגמ' יליף ברכת חתנים מקרא דבועז י"ל דמקרא
דבועז ילפינן דברכת חתנים בעשרה ומקרא דויברכו יליף עיקר דין ברכת
חתנים, ונראה דכ"ה מוכרח לשיטת הרמב"ם דאי נימא דהך ברכה דויברכו
את רבקה הי' ברכת ארוסין מ"ט צריך ילפותא לזה הא דינו ככל המצוות
דאיכא ברכה, וע"כ דקאי על ברכת נשואין וע"ז איכא ילפותא בפנ"ע דאיכא
ברכה על הנשואין, ובברכת נשואין גם להרמב"ם הוי ברכת השבח ואין חובת
הברכה על החתן, וכדמבואר בפ"י מהל' אישות עיי"ש [וכ"ה להדיא בביאור
הגר"א בסימן ס"ב אות א' דברכת נשואין הוי ברכת השבח עיי"ש].

אלא דישל"ע דבשלמא אי נימא דהיה ברכת ארוסין שפיר שייכא קדושין ע"י
שליח, אבל אי נימא דהיה ברכת נשואין היכא שייכא נשואין ע"י שליח,
אכן נראה עפי"מ שכתב הרמב"ם בפכ"ב מהל' אישות דמשעה שמסרה האב
לשלוחי הבעל הוי כבר ברשות הבעל לגבי ירושה וכדו', והנה ברמב"ם שם
כ' בה"ג דאם היתה בוגרת או יתומה והלכה היא בעצמה מבית אביה לבית
בעלה ואין עמה לא בעלה ולא שלוחיו ומתה בדרך אין בעלה יורש אותה,
הרי להדיא דאם היו עמה שלוחי הבעל נכנסת לרשות הבעל אע"ג דליכא

מסירה של האב, וע"כ ה"נ ברבקה דכוותה כיון דהלכה עם שלוחי הבעל נעשית ברשותו וע"כ שפיר היו יכולים כבר לברך ברכת נשואין, והיינו דכתיב וישלחו את רבקה וגו' ויברכו, והיינו דבזה דשלחוה עם שלוחי הבעל הוי מעשה נשואין וע"כ ברכו אז ברכת חתנים.

והנה בסוף הפרשה כתיב ויביאה יצחק האהלה שרה אמו ויקח את רבקה ותהי לו לאשה, הרי דהנשואין הי' אח"כ, והנה לשיטת התוס' יש לבאר היטב דמעיקרא היה קדושין לחוד והשתא ע"י הכניסה לרשותו נעשית נשואה, והיינו דכתיב ויביאה יצחק האהלה שרה עמו ותהי לו לאשה, והיינו דבזה נשלם בה דין נשואה, אכן לשיטת הרמב"ם צ"ב דהרי כבר נעשית נשואה משעה שהלכה עם שלוחי הבעל.

ונראה לבאר דהנה כבר הבאנו הא דבכתובות דף מ"ח איתא דמסר האב לשלוחי הבעל הרי היא ברשות הבעל, ועיי"ש דמהני מסירה לגבי הפרת נדרים ואכילת תרומה, אכן יעוי' ברמב"ם בפ"י מהל' אישות מבואר דחופה הוא ע"י יחוד דווקא, ובחי' הגרנ"ט ריש כתובות כתב דבנשואין תרתי איתנייהו חדא קנין הנשואין לגבי ירושה והפרת נדרים וכדו', ושנית דין נשואין דאיכא עי"ז היתר ביאה, וכתב דמסירת שלוחי האב לשלוחי הבעל מהני רק לגבי הקנינים דיש בהנשואין, אבל גמר הנשואין לגבי היתר ביאה בעינן יחוד והבאה לרשותו, ולפי"ז יש לבאר דהכא כתיב וישלחו את רבקה והיינו דהי' מסירה לשלוחי הבעל וכבר התחיל קנין הנשואין ושייך כבר לברך ברכת חתנים, והיינו דכתיב ויברכו את רבקה, אכן אכתי לא נשלם הנשואין להיתר ביאה וכדו' והיינו דכתיב ויביאה יצחק האהלה שרה אמו ויקח את רבקה ותהי לו לאשה, והיינו דע"י ההבאה לרשותו והיחוד נשלם בה דין נשואה וא"ש.

מאמר בענין שידוכים

הנה כשמתבוננים בפרשת חיי שרה רואים יסודות גדולים בעניני שידוכים שאנו לומדים מההנהגה של אאע״ה ושל יצחק אבינו ע״ה וכתבה זאת התורה להורות לנו אורחות חיים, ועי״ ההתעמקות בהפרשה ע״פ המפרשים אפשר ללמוד דברים נשגבים בענין זה, ונבאר בעז״ה כפי אשר תשיג ידינו.

א. הנה התחילה בהפרשה של ואברהם זקן בא בימים וה׳ ברך את אברהם בכל ואת האופן שהשביע אאע״ה את אליעזר בדבר השידוך של בנו ולומדים מכאן את הצורה איך שצריך לגשת לשידוך, ויעוי׳ ברשב״ם שכתב דבא להודיע שלא שלח עבדו לקחת אשה ממשפחתו מחמת חוסר נשים בארץ כנען שלא היו רוצים להזדווג לו שהרי נתברך בכל וכל העולם מתאוים להזדווג לו, אבל הוא לא רצה כ״א ממשפחתו, וחזינן כמה היה אאע״ה ירא וחרד ודואג על השידוך והשביע את אליעזר ע״ז להודיע על חשיבות השידוך לבנו, להודיענו איך צריך לגשת לשידוך, שהוא בנין הבית לדורות, וכמה היה חשוב אצל אאע״ה שתהיה הבת ממשפחה טובה ובעלת מדות וטרח בלא שיעור ע״ז והיה ירא וחרד ע״ז, וכבר דייקו בזה שכתוב ויאמר אברהם אל עבדו זקן ביתו המושל באשר לו דאע״ג דסמך על אליעזר בכל עניני כספו, אבל בנוגע לשידוך של בנו לא סמך עליו בלא שבועה, וכמו שאדם לא יפקיד אצל חבירו מליון דולר או לקחת אותו לעסקיו אם לא יהיה בטוח שהוא ישר ונאמן כך היה הרוחניות אצל אאע״ה, והנה יש לפעמים שמציעים לבחור שידוך עם כסף והבחור מסתנור ואינו בודק כראוי בדברים אחרים, ויש ללמוד מהפרשה דהעיקר הוא הפנימיות של המדוברת עם המדות טובות שזהו היסודות שעליו בונים בית בישראל.

ב. והנה כתוב אח״כ דאמר אליעזר אולי לא תאבה האשה ללכת אחרי ההשב אשיב את בנך אל הארץ אשר יצאת משם והשיב לו אברהם השמר לך פן תשיב את בני שמה וגו׳, והנה מרגלא בפי העולם שבדרך כלל בכל שידוך צריך לוותר דא״א להשיג כל המעלות ויש כאלו שלא מוותרים על כסף או על יחוס או חיצוניות וכדו׳, אבל אצל אאע״ה העיקר היה שלא לוותר על רוחניות דכיון דהיה יצחק אבינו ע״ה עולה תמימה ולפי מדרגתו היה צריך

שמחת התורה

מאמר בענין שידוכים

להיות בא"י לא הסכים בשום אופן שיצא משם, ואע"פ דבשביל זה יהי' צריך לוותר על המשפחה היה זה כדאי לפניו והעיקר שלא לוותר על המרגה של יצחק אבינו, ועי' ברש"י בפרשת תולדות שבזמן הרעב רצה יצחק לירד למצרים וא"ל הקב"ה אתה עולה תמימה ואין חו"ל כדאי לך, הרי חזינן דלא היה בגדר איסור רק לא היה ראוי כפי מדרגתו ומ"מ לא הסכים לוותר ע"ז.

ומזה יש ללמוד דכשבחור נגש לשידוך אע"פ שיכול לוותר על ענינים כספיים או יחוס וכדו' אבל לא יוותר בשום אופן על דבר שיוצרך לירד עי"ז משאיפותיו, וגם דבר שאין בו חשש איסור רק שהאשה רוצה שלא יהא בן תורה גדול כפי שאיפותיו לא יתפשר ע"ז בשום פנים, ואמר אברהם ה' אשר לקחני מבית אבי וגו' הוא ישלח מלאכו לפניך וגו' והיינו דהשי"ת לא ימנע טוב מההולכים בתמים, ואחד שרוצה בעלת מעלה יעזרהו השי"ת, אבל על ענינים כספיים בזה יש אפשרות לוויתור במדה ידועה ולחיות בבטחון על השי"ת, וכבר ידועים ד' הרמ"א אבהע"ז סימן ב' שלא יתקוטט בעבור נכסי אשתו אלא כל מה שיתנו לו חמיו או חמותו יקח בעין טוב ואז יצליח, ובחלקת מחוקק כתב דלא יעגן עצמו להמתין מלישא אשה עד שימצא אשה שתתן לו ממון, ובבהגר"א ציין להא דאיתא בקדושין דף ע' דכל הנושא אשה לשום ממון הו"ל בנים שאינם הגונים, ועיי"ש בבהגר"א דרק אם היה נושא בלא"ה אי"ז נקרא נושא לשם ממון, ועכ"פ הממון אינו העיקר רק אשה יראת ה' היא תתהלל במדותיה הטובות ובטוהר לבה ושאיפתה שיהא לה בעל בן תורה אמיתי.

ג. והנה כתוב עוד ויקח העבד וגו' וכל טוב אדוניו בידו וכתב רש"י שטר מתנה כתב ליצחק על כל אשר לו כדי שיקפצו לשלוח לו בתם, וי"ל דמכאן יש מקור לדברי חז"ל בפסחים דף מ"ט דלעולם ימכור אדם כל מה שיש לו וישא בת ת"ח, [ואע"ג דכאן לא היתה בת ת"ח מ"מ כבר הורונו רבותינו דעיקר המעלה של בת ת"ח הוא בהבת עצמה] והנה לכאורה יש לעיין דהא בשאר מצוות איתא דלא יבזבז יותר מחומש שלא יהא עני ויצטרך לבריות ומ"ש הכא דימכור כל מה שיש לו, אכן י"ל דלימדונו בזה חז"ל דלישא בת ת"ח אי"ז מעלה גרידא אלא דהוא נוגע לעצם החיים דאם ישא בת ת"ח יזכה לבנות בית של תורה, ואל"כ לא יזכה לבית של תורה ולבנים ת"ח, ובזה ליכא הדין שלא יבזבז עד חומש אלא ימכור ויתן כל אשר לו, דזהו הוא בגדר הכרח להחיים וכל אשר לו יתן בעד נפשו.

והנה בגמ׳ איתא דלא ישא בת ע״ה שאם מת או גולה יהיו לו בנים ת״ח, ושמעתי מהגר״א ארלנגר זצ״ל דחזינן דאע״ג דהוא רק בגדר חשש שמא ימות מ״מ גם לזה צריך ליתן כל נכסיו דהוא כמו בפיקו״נ שצריך לחשוש גם לצד רחוק.

והנה ברמב״ם כתב בפכ״ב מהלכות איסו״ב שלא ישא בת ע״ה שאם מת או גלה בניו ע״ה יהיו שאין אמן יודעת כתר התורה, הרי דהרמב״ם הגדיר הגמ׳ דכדי לחנך את הבנים להיות תלמידי חכמים צריך להכיר בערך של כתר תורה, ולא סגי ביודע שתורה הוא דבר חשוב רק שיהא לו הערכה כזו שזו הכתר והדבר החשוב.

ונראה להוסיף בביאור ד׳ הרמב״ם דהנה בפ״א מהלכות ת״ת כתב הרמב״ם דכ״א מישראל חייב לקבוע זמן לת״ת ביום ובלילה, ובפ״ג שם כתב בשלשה כתרים נכתרו ישראל כתר תורה וכתר כהונה וכתר מלכות וכו׳ הא למדת שכתר התורה גדול מכתר כהונה ומלכות, ובה״ז כתב שמא תאמר עד שאקבץ ממון ואחזור אקרא עד שאקנה מה שאני צריך ואפני מעסקי ואחזור ואקרא אם תעלה מחשבה זו על לבך אין אתה זוכה לכתרה של תורה לעולם הרי דיש החיוב של ת״ת שמוטל על כ״א מישראל דהוא לקבוע עתים לתורה ויש את המעלה של כתר תורה דנכלל בזה שמסיר כל עניני העוה״ז מלבו ורק התורה היא משוש חייו ובזה הוא דאפשר לגדול להיות ת״ח, ועוד כתב בהי״ג שם דמי שרוצה לזכות בכתר תורה לא יאבד א׳ מלילותיו בדברים בטלים, אלא בתלמוד תורה ודברי חכמה, והיינו מש״כ הרמב״ם כשבא לבאר את גודל הענין לישא בת ת״ח ולא בת ע״ה דבת ע״ה אינה יודעת מכתרה של תורה, והיינו דאע״ג דזה אפשר דגם בת ע״ה יודעת על החיוב של לימוד התורה ועל החיוב לקבוע עתים לתורה, אבל את המעלה של כתר תורה שהוא להמתסר רק לתורה ולא זולת ולוותר על מנעמי העוה״ז בשביל תורה זה אינה יודעת, וממילא דלא תוכל לחנך את בניה להיות ת״ח, באופן שההגדרה של בת ת״ח הוא שמכרת בכתר תורה ויודעת שצריך לוותר על מנעמי העוה״ז בשביל להשיג גדלות בתורה היא בגדר בת ת״ח וכדאי להוציא כל ממונו בשביל זה.

ד. והנה בהמשך כתוב שבא אליעזר אל באר המים והתפלל הקרה נא לפני היום וחזינן דלא התחיל עם השתדלות ללכת לחפש ולברר רק התחיל עם תפלה וגם ביקש שתזדמן לו באורח פלאי, וחזינן דעיקר ההשתדלות בכל דבר

בכלל ובשידוכים בפרט הוא ענין התפלה, וכדאיתא על זאת יתפלל כל חסיד אליך לעת מצוא ודרשו חז״ל בברכות דף ח׳ לעת מצוא זו אשה, והעיקר להתפלל מקירות הלב שיזמין לו השי״ת את הזיווג הנכון בלא עגמ״נ, והנה חזינן בפסוק ויהי הוא טרם כלה לדבר ורבקה יוצאת וגו׳ דלא היה שהות כלל ומיד נזדמנה לו רבקה בלא עיכובים ושהיות, דכיון שהתפלל מעומק הלב וסמך על הרבש״ע נתקיים בו מה שכתוב השלך על יהבך והוא יכלכלך לא יתן לעולם מוט לצדיק.

ובסוף הפרשה כתיב ויצחק בא מבוא באר לח ראי וגו׳ ויצא יצא לשוח בשדה וישא את עיניו וירא והנה גמלים באים, ובבעל הטורים כתב ז״ל לשוח בשדה היינו שיצחק תקן תפלת המנחה ואז נזדמנה לו רבקה והיינו דכתיב על זאת יתפלל כל חסיד אליך לעת מצוא דהיינו אשה דכתיב מצא אשה מצא טוב, ובספורנו כתב בא מבא באר לחי ראי להתפלל במקום שבו נשמעה תפלת שפחתו וקודם שהתפלל כבר נשלם ענינו בחרן וקרבה אשתו לבא על דרך טרם יקראו ואני אענה, ואהא דכתיב ויצא יצחק לשוח וגו׳ נטה מן הדרך על דעת לשפוך שיחו לפני ה׳ וכו׳ אע״פ שכבר התפלל בבאר לחי ראי וקודם שהתפלל נענה על דרך מן היום אשר נתת אל לבך להתענות נשמעו דבריך עכ״ד, ובכלי יקר כתב דודאי התפלל על זיווגו ובא ללמדנו דמיד בגמר התפלה נשא עיניו וראה את זיווגו לפניו, הרי דהעיקר הוא התפלה להשי״ת מקירות הלב וגם אם לא נענה יחזור ויתפלל ובודאי שיהא נשמע בקשתו וכדכתיב קרוב ה׳ לכל קראיו לכל אשר יקראוהו באמת.

ה. והנה חזינן דאמר אליעזר הסימן אם תשקה לו ולגמלים והיינו דהוא הוכחה על שלימות במדת החסד, הרי דזהו מיסודות הבית שהאשה צריכה להיות בעלת חסד ולחשוב על אחרים, כי אם כ״א חושב רק על עצמו הוא חסרון גדול בכל שלימות הבית, ובפרט בביתו של אאע״ה שהוא יסוד החסד.

ויש לבאר דהוא משום דעיקר העמדת הבית תלוי בזה שהאשה היא עזר כנגדו וכדכתיב בקרא אעשה לו עזר כנגדו, וכדי שתהיה עזר כנגדו תלוי בעיקר בזה שיש לה לב טוב ואהבת חסד דהוא לתת להשני ורק אז יכולה להיות לעזר לבעלה, והנה למעלת החסד לא מספיק בזה שנותן להשני אלא בזה דמרגיש את השני, וממילא מרגיש מה שחסר להשני ואז יוכל למלאות צרכיו, וכבר כתב הרמב״ם בט״ו מהלכות אישות על תפקיד האשה שמכבדת בעלה

ומהלכת בתאות לבו וזה שייך רק אם יש לה לב מרגיש בחסרון השני ונושאת
בעול עם חבירו, וידוע המעשה עם בית הלוי דבא אליו א' קודם הפסח ושאלו
אם אפשר לצאת יד"ח ד' כוסות עם חלב ונתן לו הבית הלוי נתינה הגונה
לקנות כל צרכי הסדר, ושאלוהו הא שאל רק על ד' כוסות, ואמר הבית הלוי
שאם שאל על לצאת ד' כוסות עם חלב כנראה דגם שאר צרכי הסדר אין לו,
וזהו הבחינה של נושא בעול עם חבירו דמרגיש החסרון של השני, וזה היה
המבחן אצל רבקה דבא לברר אם יש לה מעלה זו של להרגיש בצורך השני
ובחסרונו ולשאת בעול עם חבירו, וע"כ נתן הסימן בזה שיאמר לה שתתן לו
לשתות ותתן גם להגמלים, שמזה שמבקש לשתות תבין דכנראה גם לגמלים
אין מה לשתות ותעשה החסד בשלימות בלא חשבונות, ובזה שנושאת בעול
עם השני ובהרגש מה שצריך למלאות חסרונו זהו ההוכחה שיכולה להיות
עזר כנגדו בשלימות, וממילא תהלך בתאות לבו בכל עניני העבודה והיראה.

והנה המבחן לא היה רק אם תעשה חסד ותמלא בקשתו אלא בזה שתתן
גם לגמלים והיינו דזהו מראה על אהבת חסד דמרגיש את השני גם
כשלא ביקש זאת בפיו, ומדה זו הוא קנין בנפש דאם נותן רק מה שמבקשים
אי"ז עדיין הוכחה שיש להאדם אהבת חסד ולב טוב, וחזינן דלב טוב ומדות
טובות זהו עיקר בבנין הבית.

ו. והנה כתוב דאחר שנתן אליעזר את הצמידים לרבקה שאל בת מי את,
וכתב רש"י שהיה בטוח בזכותו של אברהם שהצליח ה' דרכו, ומ"מ חזינן
דעשה סימן זה דמ"מ צריך השתדלות לבדוק ולראות אם זה הוא השידוך
הנדון, והכל במדה ובמשקל מדויק כמה צריך השתדלות וכמה בטחון, ויש
להוסיף דאם רואים השגחה מיוחדת בהאופן שנזדמן לו השידוך הוא סימן מן
השמים שזהו זיווגו, ושמעתי מאאמו"ר הגה"צ הר"ר שמואל בשם המשגיח
ממיר לבאר הא דאיתא בספרי אחר ה' אליכם תלכו זה הענן, ולכאורה הרי
הענן היה במדבר לפי שעה, אלא דבא ללמדנו לדורות שהאדם צריך לילך
בדרך שהההשגחה מוליכה אותו.

ז. והנה כתיב אח"כ ויאמר ברוך ה' וגו' ומבואר שעל חסד ה' צריך להודות,
והנה ד"ז הוא על כל חסד שנעשה עם האדם, כ"ש כשיוצא שידוך לפועל
כמה צריך להודות להשי"ת שהזמין לו את זיווגו הנכון, וראיתי מובא דאם
האדם מתפלל על דבר ואומר שאם יוושע יאמר תפלת נשמת הוא ענין גדול

שתפלתו תהא נשמעת, ונראה להביא מקור לענין זה מהא דאיתא במד״ר פרשת נח פל״ד ז״ל וידבר אלקים אל נח לאמר צא מן התיבה, ומייתי ע״ז הא דכתיב בתהלים קמ״ב הוציאה ממסגר נפשי להודות את שמך בי יכתירו צדיקים כי תגמול עלי, הוציאה ממסגר נפשי זה נח שהיה סגור בתיבה יב״ח, להודות את שמך לתת הודיה לשמך, וכו׳ כי תגמול עלי שגמלת עלי ואמרת לי צא מן התיבה, הרי חזינן דבעיקר תפלתו אמר שיוציאו הקב״ה ממסגר ואז יוכל להודות להשי״ת על חסדיו ונתקבלה תפלתו.

בריך רחמנא דסייען

14222280R00038

Made in the USA
Middletown, DE
05 November 2022